SV

Hans Mayer
Vortrag im Alten Rathaus zu Potsdam
Gehalten am 8. Dezember 1996

Sonderdruck
edition suhrkamp

Hans Mayer
In den Ruinen des Jahrhunderts
*Rede über Kulturschöpfung
und Kulturzerstörung*

Suhrkamp

edition suhrkamp
Sonderdruck
Erste Auflage 1997
© Suhrkamp Verlag Frankfurt am Main 1997
Erstausgabe
Alle Rechte vorbehalten, insbesondere das des öffentlichen
Vortrags sowie der Übertragung durch Rundfunk und
Fernsehen, auch einzelner Teile.
Satz: Hümmer, Waldbüttelbrunn
Druck: Nomos Verlagsgesellschaft, Baden-Baden
Umschlag gestaltet nach einem Konzept
von Willy Fleckhaus: Rolf Staudt
Printed in Germany

1 2 3 4 5 6 – 02 01 00 99 98 97

Inhalt

Hans Mayer
In den Ruinen des Jahrhunderts
7

Nachwort
48

Ad personam: Hans Mayer
49

Bibliographie
1931-1997
51

Für Emerich Kindtner

In den Ruinen des Jahrhunderts

1. Griechischer Frühling 1957

Jene Augenblicke auf dem Burgberg von Pergamon und im einstigen Ionien, der heutigen kleinasiatischen Türkei, sind unvergeßbar geblieben. Da war alles gleichzeitig und ungleichzeitig in einem. Die Schönheit und die Zerstörung. Eine späte und hohe Zeit der kulturellen Leistung und ihre erbarmungslose Reduzierung zur unwichtigen geschichtlichen Reminiszenz. Da wirbelten die geschichtlichen Zeitläufte durcheinander. Was hatte der Zeusaltar einstmals bedeuten sollen, wenn seine Leuchtfeuer, wie man nun an Ort und Stelle ahnen durfte, sichtbar werden konnten für die Menschen auf der vorgelagerten Insel Lesbos? Insel der Dichterin Sappho.

Was war geschehen und möglich gewesen beim Abtransport des Zeusaltars von Pergamon nach Berlin? Hatte es sich nicht gerade hierbei um ein widerspruchsvolles Miteinander aus Traditionsbewußtsein und kultureller Zerstörung gehandelt?

Das war im Frühjahr des Jahres 1957. Im April. Wir befanden uns auf einer »akademischen Bildungsreise«, die von Tübingen aus organisiert worden war. Noch kein Massentourismus mit klischeehaften Drei-Sterne-Weltwundern. Sondern ein von Kennern der Antike gut ausgearbeiteter Reiseplan, der nicht nach Mykonos oder Rhodos führte, sondern nach Samos und der Ausgrabung des dortigen Heiligtums der Göttin Hera. Wir waren in Milet und Priene gewesen, hatten dort das wohlerhaltene Rathaus besichtigt, waren über den kleinen Mäanderfluß gefahren. Dann Smyrna und die Ausgrabungen zu Ephesos. Von Izmir-Smyrna ging die Reise mit unserem kleinen griechischen Dampfer *Philippos* weiter nach Norden. Reiseziel Bergama-Pergamon. Hier war es eine glückliche Fügung, daß einer unserer Mitreisenden, Architekturprofessor an einer deutschen Technischen Hochschule, hier selbst als Ausgräber gearbeitet hatte. Er hatte auch mitgewirkt beim Entstehen des kleinen Museums im Städtchen Bergama am Fuße des Burgberges.

Man erlebte in den guterhaltenen und wohlgeordneten Ruinen den bequemen Alltag einer hellenistischen Provinz. Da war zu Füßen der Burg, unweit vom Meer, ein eleganter Badeort entstanden mit einer graziösen Wandelhalle, die von ionischen Säulen umgrenzt wurde. Unser Reisekollege berichtete an Ort und Stelle von der antiken Schlaftherapie. Der heilsame Tempelschlaf. Man hatte das Quellwasser vorher getrunken. Es war in der Tat radiumhaltig. Dann die Auffahrt zur Burg von Pergamon. Nun standen wir auf dem Fundament des Zeustempels. Wir waren alle plötzlich in Berlin. Ich war der einzige Mitreisende aus einer Deutschen Demokratischen Republik. Bis dahin war alles freundlich gewesen zwischen uns. Mit uns reiste ein Bundesverfassungsrichter mit seiner Frau. Auch der einstige Ministerialrat der Weimarer Republik, Dr. Magnus, war bei uns. Der erste Reichskommissar für eine Institution, die ich in ihren Anfängen kennenlernte und der ihre Begründer den Namen »Rundfunk« gegeben hatten. Reichsrundfunkkommissar Dr. Magnus.

Hier aber, auf dem Fundament des Zeusaltars, war es plötzlich zu Ende mit aller Freundlichkeit. Von einem Augenblick zum anderen wurde ich stellvertretend zum Angeklagten. »Was ist nun geschehen mit dem Pergamonaltar?« Mir kam das offizielle Geschwätz der Ostberliner Funktionäre und ihrer Medien in Erinnerung: die Sowjetunion habe alles vor der Zerstörung durch den Faschismus gerettet. Wir wußten genau in unserer philosophischen Fakultät der Universität Leipzig, wie es wirklich zugegangen war, als man die Bilder aus dem Leipziger Museum geraume Zeit nach Kriegsende, als keine Bombardierung mehr drohte, abtransportierte nach Osten. Ebenso wie die Dresdner Galerie und den Pergamonaltar. Der Leipziger Museumsdirektor, der nichts hatte verhindern können, war Mitglied unserer Fakultät. Wir wußten Bescheid.

Nichts von alledem konnte ich nun entgegnen bei den Vorwürfen auf den Fundamenten des Zeusaltars. Ich sagte, was stimmte, daß ich wohl wüßte von der Existenz des wohlerhaltenen Pergamonaltars in Moskau. Welche Möglichkeiten jedoch bestünden, den Altar wieder aufgebaut zu sehen im notdürftig reparierten Pergamonmuseum, das könne niemand wissen von uns.

Das sahen alle ein. Der Ton wurde wieder freundlicher. Auch ich wünschte mit allen, daß sich die Konstellation ändern möge. Ich sagte zu, mich um den Fall zu kümmern.

Das habe ich getan. Gleich nach der Rückkehr besuchte ich den befreundeten Kulturminister Johannes R. Becher und trug ihm vor, was ich zu Pergamon gehört und gesehen hatte. Der Minister Becher war faktisch bereits entmachtet zu Beginn des Jahres 1957, wenngleich er noch im Amt bleiben durfte. Auch war der damals 66jährige Johannes R. Becher bereits schwer krank. Meine Schilderung hatte ihn sichtlich erregt. Als Emigrant in der Sowjetunion lebte er in ständiger Furcht vor Stalin und den Seinen. Er hatte schlechte Hymnen auf die Sowjetsoldaten geschrieben, war dabei jedoch stets ein bayerischer Katholik geblieben. Auch ein deutscher Patriot in einem altertümlichen Sinne. Im August 1947 hatte er sich geweigert, die deutsche Delegation zu leiten, die am Internationalen Kulturkongreß im einstigen Breslau, nunmehr Wrocław, tagen sollte. Becher war gegen die Grenze an Oder und Neiße. Ich selbst hatte an dem Kongreß teilgenommen. Ich lebte damals in Frankfurt am Main. Die Leitung der Delegation war der Schriftstellerin Anna Seghers übertragen worden.

In unserem Gespräch machte der zornig gewordene Becher keinen Hehl daraus, daß es nun endlich an der Zeit sei, die Russen an die Rückgabe der »geretteten«

deutschen Besitztümer zu gemahnen. Man sei immerhin miteinander befreundet.

Was sich dann zutrug, weiß ich nicht. Jedenfalls kam es bald darauf zur Rückkehr sehr vieler Bestände aus dem, was heute in Moskau ausdrücklich als »Beutegut« apostrophiert wird. Rückkehr der Bilder ins Leipziger Museum, ins Weimarer Schloß, in die Dresdner Galerie, in das Ostberliner Pergamonmuseum. Man feierte die Rückkehr, das versteht sich, mit klangvollen Reden. Unser Leipziger Kollege jedoch weigerte sich, in einem Vorwort zum Katalog der Rückkehr-Ausstellung den Satz zu formulieren: Dies alles sei durch die Sowjetsoldaten gerettet worden.

2. Griechischer Frühling 1907

Bis in unser frühes 20. Jahrhundert hinein hatte sie immer noch gegolten, die einstige Formel des Altertumsforschers Johann Joachim Winckelmann aus Stendal. Die Wortprägung nämlich von der »edlen Einfalt und stillen Größe«. Der innerlich rastlose Winckelmann, heimatlos gleichsam zwischen den Religionen, den europäischen Fürstenhäusern, zwischen antiker Tradition und aufgeklärter Gegenwart der Lessing-Zeit, strebte in der Deutung der altgriechischen Besitztümer nach der geistigen Harmonisierung. Er verstand die antike Schönheit der Bauten, der Bildwerke und der Körper als Ausdruck eines damaligen Harmoniestrebens. Winckelmann glaubte an ein »glückliches« Griechentum: auch noch in den Tragödien des Aischylos, des Sophokles, selbst noch in denen des Euripides. Dieser Deutung stellte ein Jahrhundert später der junge Friedrich Nietzsche seine spöttische Umdeutung entgegen: Die Griechen seien »oberflächlich gewesen aus Tiefe«. Allein, trotz Nietzsche, oder sogar im Mißverstehen des *Zarathustra*, hatten deutsche Schulmeister im Kaiserreich nach wie vor festgehalten an der Formel von edler Einfalt und stiller Größe. Es ging weder edel zu noch einfältig unter Wilhelm II., deutschem Kaiser und König von Preußen. Die nationalistische Größe des Deutschen Reiches, die immer wieder in Festreden zu Kaisers Geburtstag am 27. Januar, also auch an Mozarts Geburtstag, beschworen wurde, war nicht besonders still.

Auch in der Kunst selbst und in den Künstlervisionen des frühen 20. Jahrhunderts hatte man die Ästhetiken deutscher Klassik aus dem 18. Jahrhundert längst als Klassizismus mißverstanden. Man suchte die Disharmonie, das laute oder auch lautlose Entsetzen. Kunstschaffen wurde verstanden als Gegenschöpfung zu einer kunstfeindlichen Realität. Die Harmonien des Parthenon oder des Apollo aus dem vatikanischen Belvedere wurden in der Tat verstanden als Kunstwerke einer »Oberfläche«. Allein, nicht als oberflächlich in der zweideutigen Formulierung Friedrich Nietzsches, sondern im Sinne einer als oberflächlich abzulehnenden Banalität.

In seinem Roman *Doktor Faustus* läßt Thomas Mann als Schilderer der geistigen deutschen Konstellation zu Beginn unseres Jahrhunderts den Teufel im Gespräch mit dem deutschen Tonsetzer Adrian Leverkühn folgende brandneue Wahrheit verkünden:

Und wir bieten Beßres, wir bieten erst das Rechte und Wahre, und das ist schon nicht mehr das Klassische, mein Lieber, was wir erfahren lassen, das ist das Archaische, das Urfrühe, das längst nicht mehr Erprobte.

In seltsamer Weise hatte zu Beginn dieses neuen Jahrhunderts, das vorerst noch, geschichtlich gesehen, fast vierzehn Jahre lang als Ausläufer des bürgerlichen 19. Jahrhunderts fungierte, um erst am 1. August 1914 den wirklichen Neujahrstag des Jahrhunderts zu erleben, eine Umwertung der Antike stattgefunden. Von der Bewunderung klassischer Harmonie zur Sehnsucht nach der beschädigten Schönheit, nach dem Unvollendbaren, nach dem häßlichen und bösen Untergrund einstiger Schönheit. Die *Elektra* Hugo von Hofmannsthals kennt bereits alle Tücken und archaischen Haßgefühle einer Ibsen-Heroine aus dem 19. Jahrhundert. Dies war es wohl auch, was gerade Richard Strauss, der im Grunde ein Tonsetzer der Harmonisierung zu sein gedachte, in der Vertonung jener *Elektra* zum kühnen Zeitgenossen damaliger Neuer Musik machen sollte.

Das Schreckliche in dem Schönen: auch bei Rilke ist diese Erkenntnis produktiv geworden. Man verstand, gerade auch bei der jungen, der sogenannt expressionistischen Generation, daß auch die Welt der von den Vätern und Großvätern so bewunderten Griechen entsetzensvoll gewesen sein mußte.

Das Gedicht *Der Krieg* eines jungen Studenten mit Namen Georg Heym nahm den Weltkrieg als Vision bereits voraus: ein paar Jahre vor dem Kriegsausbruch am 1. August 1914.

Der Reisebericht *Griechischer Frühling* von Gerhart Hauptmann aus dem Jahre 1907 kann als stellvertretend gelten für diesen Umschwung von der Harmonisierung der antiken Kultur bis zur Faszination durch den Prozeß ihrer geschichtlichen Zerstörung.

Gerhart Hauptmann, damals ein Mann in der Mitte der Vierziger, versuchte durch seine erste Reise nach Griechenland einer tiefen Lebens- und Schaffenskrise zu entgehen. Seine Ehe war zerbrochen. Ein Weiterdichten im Sinne der *Weber*, aber auch des *Florian Geyer*, zu schweigen von aller Neuromantik war unerträglich geworden.

Gerhart Hauptmanns Dichtung wird, als Folge der Griechenlandreise von 1907, immer stärker fasziniert von Phänomenen der Blutrache, der Gewalt, der mißlungenen Entsühnung. In der Tragödie *Der Bogen des Odysseus*, die bald nach der Rückkehr aus Griechenland entsteht, beantwortet der heimgekehrte Odysseus die Frage, wie die Krise zu Ithaka gelöst werden kann, mit dem einfachen Satz: »Mit Blut – womit denn sonst? – Mit Blut.«

Was 1907 aufgeregt und bis in die Wurzeln erfühlt

worden war, reichte aus bis zur letzten Lebenszeit. Mit einer *Iphigenie in Delphi*, einer Tragödie, die abermals von Blutschuld und Sühne handelte, vom Selbstopfer der unmenschlichen Priesterin, die – im Unterschied zur goethischen Iphigenie – so viele Menschenopfer selbst vollzogen hatte, schließt das große Atridenwerk des späten Gerhart Hauptmann. Zwar hatte der fast achtzigjährige Dichter im Jahre 1941 (im Vorwort zur Buchausgabe dieser *Iphigenie in Delphi*) unter Berufung auf Goethe darzulegen versucht, sein neues Dramenwerk sei eigentlich nichts anderes als die Ausführung eines Planes, der auch Goethe bereits, wie in der *Italienischen Reise* berichtet wird, zeitweilig beschäftigt habe. Dennoch fand sich hier alles andere als eine Nachfolge Goethes und der klassischen deutschen Humanität. Selbst wer nicht allzu viel Freude verspürt an Symbolismen, wie sie sich bei Betrachtung von Zusammenhängen zwischen Leben und Werk eines Künstlers aufzudrängen pflegen, wird nachdenklich ob der Tatsache, daß jenes Werk, eben die Sühnetragödie der Iphigenie, das Gerhart Hauptmanns so reiches und so brüchiges Dramenwerk abzuschließen bestimmt war, abermals nach Delphi zurückführte: in den Bereich jenes griechischen Frühlings von 1907, in die Vision einer un-menschlichen Archaik.

3. Bilderstürmer

Der Name eines gewissen Herostratos aus Ephesos ist, in Form einer scheußlichen Pointe, auch auf unsere Nachwelt gekommen. Das Bildungsinventar der deutschen Gymnasien hatte auch diesen Namen gespeichert. Ein bösartiger und wohl neurotischer Mann von Ephesos. Er haßte das Weltwunder des Altars der Göttin Artemis. Die allgemeine Bewunderung des Artemisions bei den Mitbürgern und bei den Griechen in aller Welt entflammte den Zorn des ohnmächtigen Nichtskönners. Auch er gedachte eine Leistung auf die Nachwelt zu bringen. Es gelang. Er wurde zum Brandstifter von Ephesos: zum Inbegriff eines Urhebers der Kulturzerstörung.

Unter den Erzählungen des frühen Jean-Paul Sartre trägt eine den Titel *Erostrate*. Die Geschichte eines armseligen Neurotikers aus der Zeit unserer dreißiger Jahre. Ein französischer Hasser, dem es freilich am Objekt eines Artemisions mangelt.

In seiner Erzählung nimmt Sartre bereits vor Ausbruch des Zweiten Weltkrieges die heutigen Strukturen eines universellen Kleinbürgertums vorweg. Eine aus eigener gesellschaftlicher Existenz heraus zur Kulturfeindschaft neigende Lebensform scheint nur zwei Möglichkeiten der kulturellen Gegenposition zuzulassen: den Sprung nach oben, vielleicht mit dem Ziel der Kulturschöpfung, oder die Freude an der Negation der kulturellen Möglichkeiten. Sei es in Form der Indifferenz, sei es als Lust an der Destruktion. Bei Sartre ist er bereits vorhanden, der in der heutigen Zeit des Jahrhundertendes so wohlbekannte Alltag der Kulturzerstörung. Wenn etwa im Ersten Wiener Bezirk, in der Rauensteingasse, wo Mozarts Sterbehaus stand, ein um 1830 errichteter, sehr schöner und biedermeierlicher Mozarthof, den man noch um 1990 dankbar bewundern durfte, bei einem neuen Besuch in Wien nur noch als »halbe Portion« erblickt werden konnte. Die andere Hälfte hatte weichen müssen. Irgendein benachbartes Großunternehmen war ausgedehnt worden.

Auch dies bedeutet Kulturzerstörung. Sogar Bilderstürmerei in einem unmittelbaren Verstande. Jener Mozarthof des österreichischen Biedermeiers nämlich hatte im Zeichen einer noch virulenten Traditionsverehrung seine Fassade mit einem Dutzend kleiner Nischen ausgeziert, worin Büsten von (damals) großen Tonsetzern mitwirkten beim Mozart-Gedenken. Bach und Händel natürlich, Gluck und Haydn und Beethoven. Aber auch schon Rossini und Cherubini. Kein Franz Schubert.

Was man heute sieht, ist eine halbierte Fassade. Die Büsten der großen Musiker sind verschwunden. Einige Nischen durften bleiben.

Daß alle großen Gesellschaftsbewegungen, vor allem wenn sie plebejischen Ursprungs waren, von lustvoller Zerstörung der einstmals herrschenden Kultur begleitet wurden, ist wohlbekannt. Die Bilderstürmer der Reformationszeit benutzten das Bibelwort, wonach man sich kein Bildnis Gottes machen dürfe, zur Destruktion vieler Meisterwerke der Kunst und Architektur, aber darüber hinaus auch zum Verbot aller Mimesis. Die Calvinisten im Gefolge Oliver Cromwells verboten sogar die Stücke William Shakespeares und der anderen Elisabethaner. Die englischen Komödianten übersiedelten daraufhin auf den Kontinent und trugen dort die Reste des großen Bühnenrepertoires vor, soweit es noch für sie vorhanden war. Andreas Gryphius fand hier das Material für seine Komödie *Herr Peter Squentz*. Daß dieser Herr Squentz in etwas anderer Schreibweise einstmals zur Komödie des *A Midsummernight's Dream* eines gewissen Shakespeare gehört hatte, wußte Gryphius damals bereits nicht mehr.

Den Ansatzpunkt unserer Untersuchung über Kulturschöpfung und Kulturzerstörung finde ich in einem vierzeiligen Epigramm von Karl Kraus.

AN DIE SUCHER VON WIDERSPRÜCHEN

Mein Wort berührt die Welt der Erscheinungen,
die darunter oft leider zerfällt.
Immer noch meint Ihr, es gehe um Meinungen,
aber der Widerspruch ist in der Welt.

Natürlich spricht der Herausgeber der Wiener *Fackel* über sich selbst und gegen seine Kritiker, eben die »Sucher von Widersprüchen«. Er versucht an Symptomen der Wirklichkeit, die alltäglich und banal sein können, eine Grundstruktur menschlichen Verhaltens sichtbar zu machen. Die Grunderkenntnis dabei lautet so: alles Gegeneinander der Meinungen, alles bloße Diskutieren, darf uns nicht an der Erkenntnis hindern, daß die eigentlichen Widersprüche sich im menschlichen Dasein finden, im Sein also, nicht bloß im gesellschaftlichen Sein.

Der Widerspruch ist in der Welt. Er ist ein Weltwiderspruch. Der jedoch kann vermutlich in der Antithese von Kulturschöpfung und Kulturzerstörung gesehen werden.

Vielleicht mußte es unserem zu Ende gehenden Jahrhundert der ungeahnten Zerstörungen vorbehalten bleiben, dieses Seinsphänomen genauer beurteilen zu können.

Als einer der ersten hat sich in unserem Jahrhundert Sigmund Freud dieser Frage gestellt. Unvermeidlicherweise versuchte er den Antagonismus als einen solchen der Triebstrukturen zu deuten. Hier die schaffende Lust der Libido, also des Eros. Dort der Todestrieb einer süchtigen Destruktion.

Allein, diese Antithese ist allzu sehr verhaftet den anthropologischen Gegebenheiten unserer bürgerlichen Gesellschaft. Es handelt sich, wie erkannt werden muß, nicht um ein psychologisches, sondern ein philosophisches Problem. Philosophische Probleme, so aber meine ich nach wie vor, können nur als geschichtliche Phänomene interpretiert werden. Dialektisches Denken hat stets mit menschlichen Zuständen zu tun. Der

»Widerspruch«, um mit Karl Kraus zu sprechen, ist nun einmal in der geschichtlichen Welt. Versuchen wir es also mit einem Rückblick auf jene Konstellation unserer Zivilisationsgeschichte, worin die Widersprüche von Ehrfurcht und Mißachtung im kulturellen Bereich am deutlichsten erkennbar wurden.

4. Der Untergang der Sieben Weltwunder

Wann hat es das zum erstenmal in der – im weitesten Sinne – europäischen Zivilisation gegeben: die Inventarisierung vergangener und dankbar bewunderter Kulturschöpfungen? Das geschah – natürlich – in einer gesellschaftlichen Spätzeit. Es konnte nur möglich werden in einer Epoche, die mit großen politischen und territorialen Ausmaßen rechnen durfte. Jenseits also der Kleinkönige und eifervollen Stadtstaaten. Das war erst möglich geworden durch die Eroberungen Alexanders des Großen. Ein Weltreich von den Grenzen zu Indien bis nach »Großgriechenland«, also Sizilien. Eine zu hellenischer Gesamtkultur administrierte Menschenwelt. Man hat sie deshalb als Hellenismus bezeichnet. Hier war abermals der Gedanke des Philosophen Hegels zutreffend, wonach die Philosophie erst in einer gesellschaftlichen Spätzeit mit Erfolg arbeiten kann. Pallas Athene (oder Minerva) ist die Göttin der Vernunft. Ihr Lieblingstier ist die Eule. Die Eule aber, so Hegel, beginnt erst in der Abenddämmerung ihren Flug. Dies war unter den besonderen Verhältnissen des

Hellenismus als einer Spätzeit ganz folgerichtig. Was nämlich Alexander durch seine Eroberungszüge verwirklicht hatte in der geschichtlichen Welt, war nichts anderes gewesen als die Gesamtheit der geistigen Welterkenntnis seines eigenen Lehrers, des Philosophen Aristoteles.

Man soll nicht vergessen, daß noch die geistige Welt des katholischen Mittelalters, zusammengefaßt in der »Summe der Theologie« des Thomas von Aquino, im Grunde nichts anderes ist, als ein gewaltiger Kommentar des Aristoteles.

Der erste Versuch einer Bestandsaufnahme der vorhandenen künstlerischen Weltkultur im Hellenismus erbrachte die Formel von den »Sieben Weltwundern«. Hier reicht die Gesamtschau von Babylon bis Ägypten. Die dialektische Verschränkung von Wunderleistung und Wunderzerstörung ist evident. Betrachten wir noch einmal die Vorgänge.

Als unzerstörbar erwiesen sich dabei allein die Pyramiden von Gizeh. Sie waren lange vor dem Griechentum entstanden und sie sind bis heute rätselhaft geblieben. Auch ein zweites Weltwunder wäre möglicherweise von neuem sichtbar zu machen. Der weltberühmte Leuchtturm vor dem Hafen von Alexandria, der »Pharos«, ist wohl auf dem Meeresgrund vor Alexandria geortet worden. Man spricht von Plänen, seine Überreste zu bergen.

Der Koloß von Rhodos war wohl ein schlechtes

Weltwunder. Stellt man ihn sich vor beim Anblick der niedrigen Hafeneinfahrt von Rhodos, so kann es nicht wundern, daß der Koloß bald zusammenstürzte.

Das Meisterwerk des Bildhauers Phidias, das Standbild des Zeus in Olympia, wurde offenbar geplündert. Da gab es Gold und Elfenbein. Immerhin wissen wir aus zahllosen Nachbildungen, wie Phidias den obersten Gott des Olymp gesehen hat. Die Hängenden Gärten der Semiramis zu Babylon sind wohl rasch verwelkt. Nach Berichten von heutigen Besuchern der großen Ruinenstadt, der Residenzstadt Alexanders, kann man die ursprünglichen Anlagen für das bewunderte Gartenwerk nach wie vor erblicken.

Das Artemision zu Ephesos wurde bekanntlich durch den geltungssüchtigen Neurotiker Herostrat in Brand gesetzt. Ein weltberühmter Fall der Kulturzerstörung. Aber die Ausgrabungen zu Ephesos, die ich selbst gesehen habe, ergeben auch heute noch eine Vorstellung von dem Glanz jener Stadt, an die sich Paulus später mit einem Brief wenden sollte.

Als ein ironischer Abgesang auf diese Dialektik aus Schöpfung und Zerstörung wirkt die Erinnerung an das siebente und letzte Weltwunder, an das prunkvolle Grabmal eines Kleinkönigs zu Halikarnassos. Davon, und auch von jener einstmals berühmten Stadt, ist nichts als ein Name übriggeblieben. Der Name des toten Königs. Er hieß Mausolos. Geblieben ist das Wort Mausoleum.

5. Der Kalif Omar und die Bücherverbrennung

Bisher war von sichtbaren Werken der Kunst und Architektur die Rede. Im permanenten Prozeß von Schöpfung und Zerstörung. Das Gegenstück bildet die geistige Welt des »Biblos« im weitesten Verstande. Dichtung aller Art, Rhetorik, Geschichtsschreibung, Philosophie.

Auch hier hatte der Hellenismus den Versuch einer Inventarisierung und Registrierung unternommen, wobei natürlich die Erhaltung möglichst aller Werke des Aristoteles und seines Lehrers Platon den Vorrang hatte. Es ist kein Wunder mithin, daß die Werke der sogenannten Vorsokratiker, im Gegensatz zum Werk des Schülers und Enkelschülers des Sokrates, nur in Bruchstücken erhalten wurden. Zumeist dadurch, daß sie als Zitate überleben konnten.

Zuerst befand sich die in solcher Gesinnung angelegte Gesamtbibliothek des Hellenismus auf dem Burgberg zu Pergamon. Ich habe dort gestanden. Man zeigte uns Marmorwände mit fein eingearbeiteten Rillen für die Bücherrollen der Papyri. Später wurden die Pergamente aus Pergamon in die Stadt Alexanders des Großen verbracht. Also Alexandria als Hauptstadt des Hellenismus. Die Bibliothek von Alexandria war eine Zusammenfassung allen Denkens und Dichtens der alexandrinischen Welt. Ich bin in dieser Stadt durch Gänge geführt worden, die einstmals, wie man uns versicherte, zum Weltwunder dieser gewaltigen Bücherei gehörten.

Sie wurde, wie bekannt, auf Befehl des Kalifen Omar eingeäschert. Das Argument des Zerstörens war zwingend. Entweder enthalte diese Bibliothek nichts anderes, als im Koran zu finden sei. Dann sei sie überflüssig. Oder sie enthalte andere und gegensätzliche Betrachtungen. Dann sei sie schädlich. Stellt man beide Geschichtsprozesse zueinander, wie es die hellenistische Welt gewollt und getan hat, nämlich das Schicksal der sieben Weltwunder und der Bibliothek von Alexandria, so scheint sich eine schreckliche Dialektik aus Kulturschöpfung und Kulturzerstörung zu ergeben. Sie muß erinnert werden am Ende unseres Jahrhunderts, das ungeahnte Möglichkeiten sowohl der wissenschaftlichen und künstlerischen Schöpfungen und ungeahnte Möglichkeiten der totalen Destruktion entwickelt hat.

Das bürgerliche Erbrecht überläßt es den Erben, eine Erbschaft anzutreten oder auszuschlagen. Spricht man heute über Probleme eines »kulturellen Erbes«, so muß die Möglichkeit mitgedacht werden, daß es irgendwann einmal keine kulturelle Erbschaft im herkömmlichen Sinne geben könnte. Wir wissen das insgeheim. Wir sollten auch darüber nachdenken dürfen am Ende eines Jahrhunderts, das so viele überlieferte Einsichten in Frage stellen sollte. Nicht zuletzt jene in unserem Jahrhundert noch landläufige Behauptung, daß kapitalistische Wirtschaft und bürgerliche Gesellschaft untrennbar miteinander verbunden seien. Wir erleben zwar das Ende einer bürgerlichen Gesellschaft im bisherigen Verstande. Von einem Ende des

Kapitalismus und Imperialismus hingegen kann nicht gesprochen werden. Hier scheint sich ein merkwürdiger Abspaltungsprozeß anzukündigen.

Nun ist jedoch der Begriff eines kulturellen Erbes geschichtlich untrennbar verknüpft mit dem Aufstieg und Verfall einer bürgerlichen Gesellschaft. Die Kulturen der Antike wurden in einer Sklavenhaltergesellschaft entwickelt. Auch das antike Erbrecht war nicht zu vergleichen mit unseren bürgerlichen Vorstellungen. Die Nachfolgeprobleme in der römischen Kaiserzeit wurden nur verhältnismäßig selten durch leibliche Erbfolge geregelt. Viel häufiger durch Adoption. Auch unser heutiger Begriff eines »öffentlichen Rechts« war weitgehend unbekannt.

Unser heutiger Begriff des »kulturellen Erbes« ist also eine geschichtliche Spätgeburt.

6. Der geschichtliche Standort unseres Bewußtseins von einem kulturellen Erbe

Es sorgt stets für Überraschung, wenn scheinbar selbstverständliche, folglich »uralte« Begriffe als relativ junge Antiquitäten entlarvt werden. Ein schönes Beispiel dafür lieferte in unserem Jahrhundert der angesehene französische Erforscher des Mittelalters, Joseph Bédier. Er hatte sein wissenschaftliches Leben vor allem der Erforschung der Welt von Tristan und Isolde gewidmet. Das emotionale Zentrum dieser berühmten keltischen Geschichte, die zuerst in Frankreich zur Dichtung wurde, ist die Liebesleidenschaft. *Amour-passion.* Bédier zeigte uns, daß die Gefühlswelt der Tristangeschichte überhaupt nicht »allgemein-menschlich« zu verstehen sei. Sie ist eine historische Spätgeburt. Bédier formulierte kühl: »Die amour-passion ist eine Erfindung des 13. Jahrhunderts.«

In ähnlicher Weise kann man unsere Vorstellungen von einem »kulturellen Erbe« als Erfindung der bürgerlichen Aufklärung aus der Spätzeit des 18. Jahrhunderts definieren. Mozart kannte ihn noch nicht. Als er als junger Mann in Begleitung seiner Mutter, die auf der Reise in Paris sterben sollte, aufgebrochen war und in Ludwigsburg vor dem herzoglichen Hof ein Konzert gab, machte er sich in einem Brief an den Vater Leopold ausgiebig lustig über das unmoderne Mobiliar im herzoglichen Schloß. Da sei man in Salzburg doch weitaus moderner. Auch in seinem Bewußtsein als Musiker hätte Mozart vermutlich verständnislos alle Hinweise auf verehrungsvolle Notenschriften einstiger Tonsetzer abgeschüttelt. Für ihn gab es nur die Neugier auf einstige Musikaufzeichnungen, »an denen noch etwas zu lernen sei«. Wenn sie jedoch nur Formengebilde enthielten, die er längst beherrschte, natürlich viel besser, legte er schimpfend die Notenblätter beiseite.

Es ist bemerkenswert, ein Jahrhundert später, in den letzten Jahrzehnten eines 19. Jahrhunderts, das völlig andere Verhalten von Johannes Brahms zu konstatieren. Im Gegensatz zu Mozart war Brahms durchdrungen vom Bewußtsein eines geschichtlichen Ablaufs schlechthin, dem folglich auch ein Verstehen der Musikgeschichte zu entsprechen habe. Auch Brahms suchte natürlich stets von den früheren Meistern zu lernen. Bisweilen allzu gründlich. Er sammelte alle musikalischen Aufzeichnungen, die er sich beschaffen konnte. Auch das 17. Jahrhundert war ihm wichtig. Mit Bach und Händel begann auch für ihn, wie vor ihm für Mendelssohn und Robert Schumann, die eigentliche Musikgeschichte, in deren Ablauf auch er sich selbst einzuordnen suchte. Brahms zwang sich selbst zur Bescheidenheit. Er war nicht mehr, wie Ludwig van Beethoven, ein »Originalgenie« des Sturm und Drang. Der Schöpfer des *Deutschen Requiems* stellte ausdrücklich für sich und vor den Freunden fest: als Komponist sei er doch sicher genauso gut wie der Luigi Cherubini.

7. Rückblick auf vier deutsche Kulturen

Die deutsche Kulturgeschichte im Rahmen eines zerfallenden Heiligen Römischen Reiches Deutscher Nation begann glanzvoll zu Anfang des 16. Jahrhunderts. Es war eine Kultur des reichsstädtischen Bürgertums. An die Gleichzeitigkeit großer Künstler und Denker und Dichter in jenen Anfängen kann man nur mit Trauer zurückdenken. Gleichzeitigkeit von Dürer und Mathis dem Maler, von Holbein und Cranach, Riemenschneider und Veit Stoß. Von Ulrich von Hutten und Erasmus von Rotterdam, von Reuchlin und dem Humanisten Willibald Pirckheimer.

Die Religionskriege zwischen Reformation und Gegenreformation haben dann Deutschland mehr als ein Jahrhundert lang von Grund auf zerstört. Keine Nachfolge großer Namen in der bildenden Kunst. Der strenge evangelische Pietismus verbot die Theaterspiele und die künstlerische Bildnerei ebenso wie alle weltliche Verherrlichung des Lebens. Die protestantische Welt in Deutschland sah den Menschen befallen von der Erbsünde in einem irdischen Jammertal. Verzehrt von der Sehnsucht nach einem himmlischen Jerusalem.

Auch die katholische Gegenreformation hielt es zunächst mit dieser protestantischen Askese. In der musikalischen Legende *Palestrina* von Hans Pfitzner wird das abgehandelt. Dann jedoch behielt auch im deutschen Reich die Eitelkeit der kleinsten Fürstenhöfe die Oberhand über den spirituellen Asketismus. Man wollte in Würzburg, Heidelberg oder Dresden auch ein bißchen so regieren wie der französische Sonnenkönig zu Versailles.

Wer am Ende unseres 20. Jahrhunderts zurückblickt, wird immer noch Spuren von vier gesellschaftlich grundverschiedenen und doch historisch miteinander verbundenen Kulturformen entdecken.

1. Überreste des mittelalterlichen Feudalismus und des späteren Feudal-Absolutismus.
2. Die sehr erfolgreiche und wirkungsvolle kulturelle Schöpferkraft des reichsstädtischen Bürgertums, genauer gesagt seines Patriziats. Hier entstand jener Begriff des »Bürgers«, den Thomas Mann immer noch heraufbeschwören wollte: als positives Gegenbild zum modernen deutschen Bourgeois.

3. Weit stärker noch als in Frankreich, zu schweigen von Großbritannien, entwickelte sich im 19. und frühen 20. Jahrhundert in Deutschland eine höchst merkwürdige experimentelle Kultur der deutsch-jüdischen Symbiose.
4. Die weit entwickelte und planmäßig organisierte Kultur eines klassenbewußten Proletariats. Sie verband sich jedoch nur selten mit den modernen Kunst- und Literaturbestrebungen des Expressionismus und der Neuen Sachlichkeit. Vielmehr erwies sich diese bewußte Arbeiterkultur fast immer als konservativ und traditionalistisch.

Als ein genauer Kenner seiner Landsleute hatte Stalin diesen Prozeß beobachtet. Er wußte genau, was er tat, als er zu Beginn der dreißiger Jahre die experimentelle Kultur der zwanziger Jahre verbot, und damit auch viele jüdische Künstler von Rang wie Meyerhold, Isaak Babel oder Ossip Mandelstam »ausgrenzte«, später umbrachte. Statt dessen verordnete er in der Kunst den historisch überholten Klassizismus. Im Denken wurde die dialektische Theorie ersetzt durch die politische Rechtgläubigkeit.

Mit alledem ist es nun zu Ende. Die Träger berühmter Adelsnamen werden gern aufgefordert in den Aufsichtsrat großer Unternehmen. Der Hochstapler Bendix Grünlich in den *Buddenbrooks* pflegte zu sagen: »Das putzt ganz ungemein.« Aus der Kultur der großen und reichen Stadtbürger wurde vor unseren Augen eine Sponsorenkultur, die in vielen Fällen mehr an das Steuerrecht denkt als an die Kulturschöpfung.

Jene Kultur der deutsch-jüdischen Symbiose ist erwürgt worden, wie man weiß. Als Folge ist festzustellen, daß fast alle wichtigen Schriftsteller und Denker in Deutschland zwischen 1900 und 1933 nur noch vom Hörensagen bekannt sind. Abgesehen von einigen hastigen Jubiläumsfeierlichkeiten wird im Bund, in den Ländern und Kommunen auch wenig getan, um zumindest durch einen planvollen Schulunterricht dieses drohende Vergessen der deutschen Kulturgeschichte aufzuhalten.

Die kulturellen Organisationen der deutschen Arbeiterschaft wurden verboten und sind zerstört. Sie sind historisch lange überholt. In dem politischen Bekenntnis der jungen Deutschen Demokratischen Republik zum »Kulturellen Erbe« konnte einmal noch eine moderne Ausprägung der wichtigsten Errungenschaften früherer deutscher Bürgerkulturen versucht werden. Die Geschichte, also auch die Kulturgeschichte, wollte man als progressiven Prozeß menschlicher Emanzipation verstanden wissen, nach wie vor in Übereinstimmung mit dem *Kommunistischen Manifest* von 1848.

Alle Chancen wurden vertan. Der Zusammenbruch der DDR bedeutet das Ende eines vorerst letzten Versuches, unser gesellschaftliches Dasein mit einem »Prinzip Hoffnung« zu verbinden.

8. Das universale Kleinbürgertum und die Wegwerfgesellschaft

Was also trat an die Stelle jener vier Kultursysteme, die im Prozeß von der Ritterwelt und Feudalwelt bis zum Ablauf der bürgerlichen Kulturgeschichte unser Leben bestimmen sollten?

Einer der wichtigsten marxistischen Geschichtsdenker unseres Jahrhunderts, Georg Lukács, hat mit großem Recht darauf hingewiesen, daß unser deutsches Wort »Bürger« im geschichtlichen Ablauf zwei grundverschiedene gesellschaftliche Typen meinte. Einmal den Citoyen, also den Schöpfer einer bürgerlichen Gesellschaft mit den Postulaten der Beseitigung gesellschaftlicher Privilegien, der Forderung nach Rechtsgleichheit und sozialer Gleichheit der Lebenschancen. Auf dem Wege der bürgerlichen Gesellschaft in den Imperialismus jedoch wurde der Citoyen ganz verdrängt vom kapitalistischen Bourgeois.

Dieser imperialistische Bourgeois verdrängte zu Beginn unseres 20. Jahrhunderts, sowohl wirtschaftlich wie gesellschaftlich und kulturell, jenen deutschen »Bürger« von Bildung und Besitz. Bereits im Jahre 1913 hat Heinrich Mann diesen Vorgang, bis heute gültig, in seinem Roman *Der Untertan* dargestellt. Viele mächtige deutsche Bürger von heute scheinen von jenem kaiserlichen Untertan Diederich Heßling abzustammen.

Die wirtschaftliche Misere und die deutsche Inflation zwischen 1920 und 1923 haben die materiellen Grundlagen dieses deutschen Bürgertums von Bildung und Besitz endgültig zerstört. Wenn heute ein Rundfunksprecher das Wort »Bildungsbürgertum« ausspricht, so spricht er gleichsam die Gänsefüßchen mit. Eine lächerliche Einbildung einstiger Opas.

Abermals: was ist an die Stelle der vier versunkenen Kulturen getreten? Eines scheint mir festzustehen: man hat es in der Bundesrepublik Deutschland und am Ende des Jahrhunderts mit der Bewußtseinshaltung eines universalen Kleinbürgertums zu tun. Freilich mit erschreckend großen Gegensätzen zwischen lächerlichem Überreichtum und schierer Armut. Vereint aber im Bewußtsein, und dies eben ist eine Eigentümlichkeit des kleinbürgerlichen Denkens, daß es eine Gemeinsamkeit der Lebensformen und Lebenserwartungen gibt, die den Reichen mit dem Hungerleider in Form eines gemeinsamen Lebenssinns verbindet. Wenn etwas am Ende der bürgerlichen Gesellschaft in unserem Lande offenbar alle Schichten der deutschen Bevölkerung insgeheim verbindet, so ist es die Furcht vor jenem Motto, mit welchem die bürgerliche Gesellschaft überhaupt erst ihre Entstehungsgeschichte begonnen hatte.

Auf dem Höhepunkt des Übergangs der bürgerlichen Revolution in die bürgerliche Restauration, also nach 1830, ist dieses Motto von einem unserer größten Dichter als Aufgabe formuliert worden, durch Georg Büchner: »Friede den Hütten! Krieg den Palästen!« Das Motto des *Hessischen Landboten* ist heute bloß noch Germanistennahrung.

Das Kleinbürgertum will nicht als solches erkannt werden. Nämlich in seiner Furcht vor denen da oben und denen da unten. In dem dramatischen Meisterwerk *Bürger Schippel* von Carl Sternheim vom Beginn unseres Jahrhunderts äußert es der Goldschmied Hicketier sehr kategorisch: er wolle seinen Standort abgezirkelt haben nach oben wie nach unten. Oben war damals noch der preußische Militäradel. Von unten drohten die Proleten.

Dies alles gibt es nun nicht mehr, von außen her gesehen. Das Bewußtsein jedoch ist geblieben. Es kam also darauf an, einer solchen Welt des universalen Kleinbürgertums einen entsprechenden kulturellen Überbau zu liefern. Das europäische Kleinbürgertum seit der Mitte des 19. Jahrhunderts ist eine Gesellschaftsschicht gewesen, die kulturell unproduktiv bleiben sollte. Die schöpferischen Kinder des Kleinbürgertums wurden regelmäßig zu gesellschaftlichen Außenseitern, was fast immer schlimme Folgen hatte. Die kleinbürgerliche Kultur wollte konservativ sein. Allein, sie konservierte nicht eine eigene kulturelle Leistung. Sie konservierte die Leistungen und Werte, auch die Gebote und Verbote des bewunderten Großbürgertums.

Indem jedoch das deutsche Kleinbürgertum nach dem Zweiten Weltkrieg, wo es bereits im Dritten Reich durch viele seiner Abkömmlinge zu Macht gekommen war, in zahlreichen Fällen zu wirtschaftlicher und politischer Macht aufsteigen konnte, mußte es den Versuch machen, diese Dialektik aus wirtschaftlicher Potenz und geistiger Impotenz als Lebensmaxime zu verkünden.

Als kategorischen Imperativ der kleinbürgerlichen Vernunft. So kam es zur Konzeption und Wirklichkeit der deutschen Gesellschaft als einer Wegwerfgesellschaft.

9. Die Rolle der Kultur am Ende der bürgerlichen Gesellschaft

Die spätbürgerliche Gesellschaft ist im Begriff, ins nachbürgerliche Stadium hinüberzuwechseln. Ein entfesselter Kapitalismus der hemmungslosen Konkurrenz ist im Begriff, alle einstigen Normen deutscher Bürgerlichkeit, wie man so schön sagt, »abzuservieren«, als handle es sich um kalt gewordene Speisen. Was den Maximen der Käuflichkeit und der Verkaufbarkeit widerspricht, muß weg. Die Institution des Staatsbeamten, des Verkehrswesens, der Medien, der Künste und Kunstformen: alles wird zum Geschäft und zum wechselnden Besitzstand.

Die Wegwerfgesellschaft ist geschichtsfeindlich. Darum kokettiert sie immer wieder mit einem mißverstandenen Friedrich Nietzsche. Der hatte, übrigens als ein meisterhafter Geschichtskenner, die These von der »Ewigen Wiederkehr des Gleichen« verkündet. Freudig redete man ihm nach. Die entsetzlichen Zustände am Ende unseres Jahrhunderts bestätigten, daß man aus der Geschichte nichts lernen könne. Als wäre nicht eben diese Behauptung selbst eine Lehre aus der Geschichtsbetrachtung. Allerdings eine falsche und unhaltbare.

Die Wegwerfgesellschaft fürchtet nicht allein, wie einstmals das deutsche Kleinbürgertum, das Oben und Unten. Sie fürchtet das Gestern wie das Morgen. Sie kultiviert die eigene Furcht und läßt als Motto ihrer Belanglosigkeit die Parole »no future« ausgeben.

In Wirklichkeit kann man die Grundlagen dieser Wegwerfgesellschaft ziemlich genau bestimmen.

1. Die Ablehnung der Aufklärung. Die Repräsentanten der heutigen deutschen Staatlichkeit und Gesellschaft trennen sich bewußt von allen geistigen Errungenschaften bürgerlicher Kulturgeschichte seit Lessing und Immanuel Kant. Aufklärung verlangte eine Entwicklung des einzelnen Bürgers zum selbständigen Denken. Die heutige Wegwerf- und Mediengesellschaft hingegen tut alles, um den heutigen Deutschen eben daran zu hindern.

2. Der Kampf gegen die geistigen Außenseiter, den das deutsche Kleinbürgertum schon im 19. Jahrhundert gegen seine eigenen Aussteiger geführt hatte, war im Dritten Reich zur Staatsmaxime erhoben worden. Der Außenseiter gefährdet stets die kleinbürgerliche Gleichschaltung.

Dieser Prozeß vollzieht sich heute ebenso planmäßig wie brutal. Auch hier bezieht man, wie in den meisten Bereichen der Wegwerfgesellschaft, die Rezepte aus den Vereinigten Staaten.

An die Stelle unbequemer sogenannter Querdenker und Warner setzt man, mit lautem Propagandagetue, die ästhetischen und ideologischen Clowns, denen man belustigt zusehen darf, weil ihr Treiben ohnehin im

Einklang steht mit der Verwandlung aller kultureller Schöpferkraft und Nachdenklichkeit in bloßes »Entertainment«.

Wenn alles unernst geworden ist, braucht man auch nichts mehr ernst zu nehmen. Auch nicht das eigene Dasein.

3. Der sekundäre Analphabetismus. Auf dieses Phänomen unserer deutschen Wirklichkeit hat immer wieder Hans Magnus Enzensberger hingewiesen. Wenn nämlich die kulturellen Schöpfungen der Vergangenheit unwichtig geworden sind, hat man damit darauf verzichtet, irgend etwas davon noch kennenzulernen. Was Hugo von Hofmannsthal zu Beginn unseres Jahrhunderts vorausgesagt hatte, tritt jetzt ein. Der Tod ganzer Literaturen, um es allein an deren Beispiel zu zeigen. Im heutigen Bewußtsein eines frohgemuten Unbildungsbürgertums kann keinerlei Kenntnis deutscher Literatur von Lessing bis Gerhart Hauptmann vorausgesetzt werden. Wer Goethe zitiert, wird als Pedant belächelt. Die Spielleiter in den Theatern der Wegwerfgesellschaft pflegen berühmte Zitate, wenn ein Werk der Klassiker gespielt werden muß, weil es die Häuser füllt, entweder zu streichen oder so zu inszenieren, daß im Saale gelacht wird.

4. Nachdenken über die Menschenrechte. Wie stark die Spannung geworden ist im heutigen Deutschland zwischen den Traditionen einstiger Kulturschöpfung und den Machenschaften der Kulturzerstörung in einer Wegwerfgesellschaft, läßt sich besonders deutlich demonstrieren am Gegensatz zwischen dem Geist und

der Wirklichkeit des Grundgesetzes einer Bundesrepublik Deutschland. Das Grundgesetz entstand als wichtiges Monument einer Besinnung auf die Gedanken und das kulturelle Erbe bürgerlicher Aufklärung nach einem Geschehen der beispiellosen Kulturzerstörung.

Wir erleben jedoch in den täglichen Meldungen, daß allenthalben versucht wird, die unverrückbaren Maximen menschlicher Würde immer mehr in bloße Formeln für Festreden zu verwandeln. Immer wieder der Versuch, die unbequemen Formulierungen durch einen verfassungsändernden Parlamentarismus loszuwerden.

Die Weimarer Republik hatte in ihrem berüchtigten Artikel 48 dem vom Volke gewählten Reichspräsidenten das Recht eingeräumt, als sogenannter »Hüter der Verfassung« die Verfassung selbst abzuschaffen, was dann auch geschehen ist. Worauf der Staatsjurist des Dritten Reiches, Carl Schmitt, verkünden konnte, der eigentliche Hüter der Weimarer Verfassung, die den Buchstaben nach immer noch galt, sei natürlich der Führer. Der Verfasser der österreichischen Bundesverfassung nach einem Ersten Weltkrieg, der Großjurist Hans Kelsen, hatte in Österreich folgerichtig ein Bundesverfassungsgericht zum Hüter der Verfassung bestimmt. Hans Kelsen verließ dann die antisemitische Wiener Universität und kam nach Köln. Sein Denken hatte großen Einfluß auf das politische Bewußtsein des Kölner Oberbürgermeisters Konrad Adenauer. Für mich besteht ein unmittelbarer Zusammenhang zwischen Hans Kelsens Kölner Tätigkeit und der Errichtung eines Bundesverfassungsgerichts im Grundgesetz der Bundesrepublik Deutschland.

Fragen wir uns am Ende dieses Jahrhunderts, welches die wichtigste kulturelle Aufgabe sei, die unserem Denken und Dasein gestellt wird, so ist es für mich die Klarheit über eine heutige Interpretation der Menschenrechte.

Es gibt zwei Grundkonzeptionen, die hier unversöhnlich gegeneinanderstehen.

Die eine Deutung geht aus vom Primat des Menschenrechts auf Freiheit. Indem diese Freiheit absolut gesetzt wird, zerstört sie jegliche Gemeinschaft, weil die Normen der bürgerlichen Gesellschaft nicht mehr gelten und das Prinzip der Rechtsgleichheit ein böser Witz geworden ist angesichts der vorhandenen wirtschaftlichen Ungleichheit. Die andere Interpretation bekennt sich zum Primat der Gleichheit. Natürlich nicht im Sinne der Gleichschaltung, sondern im Sinne der gleichen Lebenschance.

Unter den Xenien, die Goethe und Schiller gemeinsam vor ziemlich genau zweihundert Jahren verfaßten und herausgaben, findet sich der folgende Zweizeiler:

WÜRDE DES MENSCHEN

Nichts mehr davon, ich bitt euch. Zu essen gebt ihm, zu wohnen,
Habt ihr die Blöße bedeckt, gibt sich die Würde von selbst.

Der Text stammt ganz sicher von Friedrich Schiller. Für mich ist darin alles zusammengefaßt, was heute zu sagen wäre über das kulturelle Erbe.

Erinnern wir uns beim Nachdenken über kulturelle Schöpfung und Kulturzerstörung an das wohlbekannte deutsche Märchenmotiv von dem Gegensatz zwischen den guten und bösen Feen. Zum Beispiel an jene Feen, die sich zusammenfanden an der Wiege der neugeborenen Prinzessin Dornröschen.

Besonders berühmt ist jene Märchenfassung, die mit drei guten Feen an der Wiege des Neugeborenen arbeitet, zu welchen sich dann freilich die vierte und böse Fee gesellt. Mit diesem Märchenmotiv arbeitete die Opposition im Nazireich. Ein damals populärer Witz macht es deutlich. Drei gute Feen wünschen dem neugeborenen künftigen Hitlerjungen ein dreifaches Gutes. Er soll klug werden. Er soll ehrlich werden. Er soll ein Nazi werden. Dann kommt die sogenannte böse vierte Fee. Sie kann nichts mehr verhindern von den Zaubergaben. Doch sie kann eine Einschränkung machen. Der künftige Deutsche soll nur zwei von den drei Gaben jeweils besitzen. Das befiehlt ihm die böse Fee. Wenn er also klug und ehrlich ist, dann wird er kein Nazi sein. Und so weiter.

In einer Betrachtung zum Ende unseres Jahrhunderts und Jahrtausends, das auch er als Ende der bürgerlichen Gesellschaft versteht, hat der deutsche Soziologe Ralf Dahrendorf im Titel einer Rede von einer

»Quadratur des Kreises« gesprochen. Also von einer Unlösbarkeit. Der aus der deutschen Politik nach England weggewanderte jetzige Lord Dahrendorf versteht, durchaus mit Recht, die Aufgabe einer künftigen Weltgesellschaft als Synthese (und Symbiose) von drei unverrückbaren Postulaten für alles künftige Zusammenleben der Einzelgesellschaften und einer künftigen Weltgesellschaft.

Jene drei Postulate sind wohlbekannt. Es sind: Freiheit. Wohlstand. Soziale Gerechtigkeit.

Betrachtet man jedoch die Kultur am Ausgang unseres Jahrhunderts, also nach (und vor) vielen entsetzensvollen Zerstörungen, so wird man an das Märchen von der bösen Fee erinnert.

Sollte es wirklich sein, daß künftige Gesellschaften im Zeichen einer Globalisierung nur folgendes zur Wahl haben? Freiheit und Wohlstand, doch ohne soziale Gerechtigkeit. Wohlstand und soziale Gerechtigkeit, doch in einem autoritären Regime. Freiheit und soziale Gerechtigkeit, doch ohne den Wohlstand einer heutigen Wegwerfgesellschaft.

In den Ruinen von Pergamon

Das große epische Spätwerk von Peter Weiss, von ihm selbst, wie seine *Notizbücher* demonstrieren, nach vielen vergeblichen Bemühungen um einen angemessenen Buchtitel als *Die Ästhetik des Widerstands* formuliert, beginnt in Berlin vor den Skulpturen des Pergamonaltars. Peter Weiss beginnt nicht mit einer Beschreibung jener Besucher, die sich in den frühen dreißiger Jahren, also im Nazireich, hier zusammenfinden. Er hebt an mit einer genauen Beschreibung der Marmorgestalten auf jenem Fries, der einstmals als Zeusaltar auf der Burg von Pergamon mit Leuchtfeuern seine Signale weitergab nach Mytilene auf Lesbos.

Szenen eines Kampfes zwischen Göttern und Menschen und Tiermenschen. Zwischen Tätern und Opfern. Siegern und Besiegten. Der Pergamonaltar, von Peter Weiss verstanden als Kampf und Widerstand, wobei es im Grunde nur Besiegte geben kann, denn niemand wird imstande sein, auf die Dauer der Stärkste zu sein. Generationen wachsen nach und weisen nun ihrerseits neue Sieger auf. Damit zugleich neue Besiegte.

Rings um uns hoben sich die Leiber aus dem Stein, zusammengedrängt zu Gruppen, ineinander verschlungen oder zu Fragmenten zersprengt, mit einem Torso, einem aufgestützten Arm, einer geborstnen Hüfte, einem verschorften Brocken ihre Gestalt andeutend, immer in den Gebärden des Kampfs, ausweichend, zurückschnellend, angreifend, sich deckend, hochgestreckt oder gekrümmt, hier und da ausgelöscht, doch noch mit einem freistehenden vorgestemmten Fuß, einem gedrehten Rücken, der Kontur einer Wade eingespannt in eine einzige gemeinsame Bewegung. Ein riesiges Ringen, auftauchend aus der grauen Wand, sich erinnernd an seine Vollendung, zurücksinkend zur Formlosigkeit. Eine

Hand, aus dem rauhen Grund gestreckt, zum Griff bereit, über leere Fläche hin mit der Schulter verbunden, ein zerschundnes Gesicht, mit klaffenden Rissen, weit geöffnetem Mund, leer starrenden Augen, umflossen von den Locken des Barts, der stürmische Faltenwurf eines Gewands, alles nah seinem verwitterten Ende und nah seinem Ursprung.

Die drei Bände dieser *Ästhetik des Widerstands* haben alle Erinnerung an bürgerliche Romane abgestreift. Sie sind konzipiert als ein episches Wogen. Das strömt dahin Seite um Seite, absatzlos, wer sich damit einläßt, wird mitgezogen in den Strom der Gestalten und Gedanken, der Ängste und Abscheulichkeiten. Es gibt kein Nacheinander, nicht einmal ein Nebeneinander. Alles ist gleichzeitig und ungleichzeitig. Kulturschöpfung und Kulturzerstörung im Hellenismus und Ruinengebilde in einer an Ruinen reichen Welt unseres Jahrhunderts.

Das Widerstandsdenken von Peter Weiss ist zweischneidig. Hier wird ganz offensichtlich ein Schaffensprozeß weitergeführt und durch den frühen Tod des Erzählers besiegelt, der in dem Schauspiel mit dem später abgekürzten Titel *Marat – Sade* bereits als bewußte Weiterführung eines Denk- und Schaffensprozesses aus dem frühen 19. Jahrhundert begonnen hatte. Das Theaterspiel des Marquis de Sade mit den Irren der Anstalt von Charenton, historisch angesiedelt mitten im Kaiserreich Napoleon Bonapartes, versucht eine Deutung der bürgerlichen Gesellschaft an ihrem (noch) revolutionären Ursprung. Es wird jener Augenblick gezeigt, um eine Formulierung des Soziologen Max Horkheimer zu zitieren, wo ein ursprünglich revolutionärer »Terror gegen Gegner« umschlägt in einen »Terror für Anhänger«. Also in eine verlogene Siegesstimmung, welche die drohende Niederlage wegzuspülen sucht.

Diesen Augenblick hatte der gescheiterte Revolutionär Georg Büchner bereits im Jahre 1835 in den Szenen um *Dantons Tod* nachgestaltet. Thermidor-Stimmung. Immer noch schickt man, unbelehrbar und siegestrunken, die Konkurrenten unter den Revolutionären unter das Fallbeil. Im Thermidor des Jahres 1794 muß man dann selbst hinaufsteigen auf das Gerüst. Der Terror für Anhänger hatte nichts gefruchtet. Die Revolution schlägt um in die Restauration zugunsten einer langsam sich etablierenden Bourgeoisie.

Peter Weiss schreibt den *Marat – Sade* zwischen 1963 und 1964. Fast zwei Jahrzehnte nach dem Ende des Zweiten Weltkriegs.

Nunmehr kann man zurückschauen auf das braune Reich ebenso wie auf Stalin und die Seinen. Natürlich war das wahnhafte Dritte, Tausendjährige Reich seit den Ursprüngen eine bürgerliche Schutzbastion gewesen gegenüber allen Bewegungen und Postulaten einer jeglichen gesellschaftlichen Unterklasse.

Deren Revolution aber hatte im Oktober 1917 in Rußland gesiegt. Ein »Widerstand« gegen diesen Sieg hätte damals den Verzicht auf neue menschliche Lebensmöglichkeiten bedeutet.

Unter dem allmächtigen Generalsekretär aus Georgien, der sich als Generalissimus und Vater der Völker feiern ließ, der aber einen »real existierenden« Sieg über die Naziherrschaft errungen hatte, war dann alles betrogen und verspielt worden.

Für Peter Weiss gab es nunmehr den doppelten Widerstand: innerhalb wie außerhalb der deutschen Organisatoren einer sinnlosen Weltherrschaft und eines nicht minder sinnlosen Völkermordes, und gegen den Stalinismus und seine theologisierte Doktrin, die bereits in den zwanziger Jahren von L. D. Trotzki als »verratene Revolution« abgetan worden war. Peter Weiss ist kein Trotzkist gewesen und auch kein Stalinist. Die drei Bände seiner *Ästhetik des Widerstands* schildern erbarmungslos genau die Intrigen und Machenschaften sowjetischer Kommissare (z. B. in Schweden) ebenso wie die genußvolle und abscheuliche Hinrichtung deutscher Attentäter gegen den von der Vorsehung gesandten Führer. Sie enden in Berlin-Plötzensee, auf Befehl jenes Führers, am Fleischerhaken. Er läßt die Szenen filmen und sich in der Reichskanzlei vorspielen. In diesen Schilderungen ist Peter Weiss, der sonst alle Emotionen ausspart, ein treuer Freund der Gemordeten. Genauso muß der Titel *Die Ästhetik des Widerstands* verstanden werden.

Natürlich sind diese drei Bände schwierig zu lesen. Sie gehören nicht zur Ästhetik einer Wegwerfgesellschaft. Genauso schwierig zu lesen, wenn man sich darauf einläßt, wie Marcel Prousts *Suche nach der Verlorenen Zeit*, deren Darstellungsform von Peter Weiss übernommen wurde. Allein, Marcel Proust lebte und schrieb seit der Wende vom 19. zum 20. Jahrhundert. Seine verlorene Zeit erlaubte immer noch ein wenig den Genuß der Melancholie.

Am Ausgang des Jahrhunderts ist es auch damit zu Ende. Melancholie oder gar Resignation müssen in diesem Endstadium als Kapitulation verstanden werden. Die Ästhetik der gesellschaftlichen Kapitulation ist eine schlechte Ästhetik. Sie ästhetisiert eine schlechte Sache.

Womit am Ende unseres Jahrhunderts eine Frage immer noch ungelöst bleibt, die Thomas Mann als einer der ersten in der Zeit des Zweiten Weltkriegs »als Denkspiel« aufwarf. Die Frage nämlich, ob eine abscheuliche und bewußt verlogene Wirklichkeit trotzdem literarische Kunstwerke von Rang hervorbringen könnte, welche diese Abscheulichkeit entweder affirmativ zulassen oder sogar beschönigen. Der Fragesteller schien das – ironisch und melancholisch – für möglich zu halten. Allein, seine Beispiele stimmen nicht. Der englische konservative Dichter Rudyard Kipling war kein Faschist. Knut Hamsun war am Ende eines sehr langen Lebens zum verwirrten Spinner geworden. In anderer Weise als bei Hamsun war das auch wohl der Fall bei dem von Thomas Mann gleichfalls zitierten Ezra Loomis Pound.

Unabhängig von Thomas Mann griff Jean-Paul Sartre in den sechziger Jahren die Frage wieder auf. Er fragte: kann es ein dichterisches Kunstwerk von Rang geben, das den schmutzigen Krieg in Vietnam lobpreist, oder auch die Morde von Auschwitz? Sartre schien das für unmöglich zu halten.

Zu Beginn der *Ästhetik des Widerstands* treffen sich Menschen vor dem Berliner Pergamonaltar. Vor diesem Ruinenmuseum in einer noch lebensvollen und unzerstörten Stadt Berlin. Am Ende des dritten Bandes seiner *Ästhetik des Widerstands*, genau zusammengezählt auf der Seite 953 dieser neuen Suche nach der verlorenen Zeit unseres Jahrhunderts, sind die Namen der Freunde am Beginn zur schmerzhaften Erinnerung geworden. Denn man weiß nunmehr, wie sie waren und was mit ihnen geschah.

Sonderbar: der Schluß bei Peter Weiss kann als unmittelbare Wiederholung des Romanschlusses bei Marcel Proust verstanden werden. Bei Proust lebt man noch in der genießerischen und doch insgeheim unechten Welt der französischen Sieger nach einem Ersten Weltkrieg sowohl im echten wie im unechten Genuß. Der Erzähler Marcel ist einmal noch zurückgekehrt in die Welt seiner Feste und Freuden um das Jahr 1910. Dann hat er genug gesehen, verläßt seine Gastgeber mit dem festen Entschluß: dies alles müsse aufgeschrieben werden, damit es in irgendeiner Weise bei den Späteren überleben könne.

Auch bei Peter Weiss steht am Schluß diese Entscheidung für das Gedächtnis, und damit: für die Geschichte. Als Erzähler freilich würde er nicht einen Salon aufsuchen müssen im Pariser Faubourg Saint-Germain.

Ich würde mich vor den Fries begeben, auf dem die Söhne und Töchter der Erde sich gegen die Gewalten erhoben, die ihnen immer wieder nehmen wollten, was sie sich erkämpft hatten...

Vor diesem Fries aus Pergamon, nunmehr aber in einer einstmals von Grund auf zerstörten Stadt Berlin, dazu nach der Rückkehr des Altars aus dem Moskauer Exil, würde die Niederschrift beginnen können.

Viele waren schon tot, als wir, noch ungläubig darüber, heil aus dem Verderben herausgekommen zu sein, im Mai Neunzehnhundert Fünfundvierzig in einen neuen Abschnitt des Lebens traten. Trauer würde mich überkommen, wenn ich ihrer gedächte, Tag und Nacht würden sie mich begleiten, und bei jedem Schritt, durch diese neue, und sich schon wieder mit Raserei aufladenden Welt, würde ich mich fragen, woher sie die Kraft genommen hatten zu ihrem Mut und zu ihrer Ausdauer, und die einzige Erklärung würde nur diese bebende, zähe, kühne Hoffnung sein, wie es sie auch weiterhin in allen Kerkern gibt.

Nachwort

Der vorliegende Text stellt die erweiterte und neu konzipierte Fassung eines Vortrages dar, welcher am 8. Dezember 1996 im Alten Rathaus von Potsdam gehalten wurde. Der damalige Titel lautete: *Das kulturelle Erbe. Über Kulturschaffen und Kulturzerstörung*.

Der Anlaß zu dieser Veranstaltung war gegeben worden durch eine öffentliche Kritik der UNESCO, also der Kulturorganisation der Vereinten Nationen, an Potsdamer Bau- und Verkehrsplänen, die nach Ansicht der internationalen Sachverständigen eine Bedrohung der historischen Substanz von Stadt und Landschaft Potsdam bedeuten würden.

Die ausführliche Debatte des Vortrags in einem Kreise geladener Gäste führte dazu, das ursprüngliche Konzept des Vortrages historisch und räumlich zu erweitern.

Tübingen, Februar 1997 *Hans Mayer*

Ad personam:
Hans Mayer

Hans Mayer, geboren 1907 in Köln, zählt zu den bedeutendsten deutschen Literaturwissenschaftlern und Kulturkritikern. Er studierte Jura, Geschichte und Philosophie in Köln, Bonn und Berlin. Von 1935 bis 1945 befand er sich in der Emigration in Frankreich und in der Schweiz. 1946/47 war er Chefredakteur von Radio Frankfurt. Von 1948 bis 1963 lehrte er Literaturgeschichte an der Universität Leipzig. Von 1965 bis 1973 war er Professor für deutsche Literatur und Sprache an der Technischen Universität Hannover.
Hans Mayer lebt heute in Tübingen.

Seine bedeutendsten Ehrungen:

1955 Nationalpreis für Wissenschaft und Kunst der Deutschen Demokratischen Republik
1966 Deutscher Kritikerpreis
1971 Ehrendoktorwürde der Universität Brüssel
1972 Ehrendoktorwürde der State University of Wisconsin
1987 Großes Bundesverdienstkreuz mit Stern und Schulterband der Bundesrepublik Deutschland
1988 Literaturpreis der Stadt Köln (später Heinrich-Böll-Preis)

Ernst-Bloch-Preis der Stadt Ludwigshafen
Ehrendoktorwürde der Universität Leipzig
1991 Österreichisches Ehrenzeichen für Wissenschaft und Kunst
1992 Goldenes Ehrenzeichen des Landes Wien
1993 Officier dans l'Ordre des Arts et Lettres
1994 Ehrenprofessur der Universität Peking
1995 Heinrich-Mann-Preis der Akademie der Künste Berlin-Brandenburg

Bibliographie
1931-1997

Das folgende Werkverzeichnis stützt sich auf die von Leo Kreutzer für den Band »Hans Mayer zum 60. Geburtstag«, Reinbek 1967, zusammengestellte und von Inge Jens für den Band »Über Hans Mayer«, edition suhrkamp 887, Frankfurt a. M. 1977, erweiterte Bibliographie. Sie wurde für diesen Band von Meike Jolie ergänzt.

1. Selbständige Veröffentlichungen

Die Krisis der deutschen Staatslehre und die Staatsauffassung Rudolf Smends. Köln 1931
Von der dritten zur vierten Republik. Geistige Strömungen in Frankreich (1939-1945). Zürich-Affoltern 1945
Georg Büchner und seine Zeit. Wiesbaden u. Berlin 1946 (Erw. Neuaufl.: Frankfurt a. M. 1972)
Ansichten über einige Bücher und Schriftsteller. (Mit Stephan Hermlin) Wiesbaden 1947 (Erw. bearb. Ausgabe: Berlin 1947)
Karl Marx und das Elend des Geistes. Studien zur neuen deutschen Ideologie. Meisenheim/Glan 1948
Frankreich zwischen den Weltkriegen (1919-1939). Frankfurt a. M. 1948
Unendliche Kette. Goethestudien. Dresden 1949
Goethe in unserer Zeit. Berlin 1949
Literatur der Übergangszeit. Berlin 1949
Thomas Mann. Werk und Entwicklung. Berlin 1950 (Neuaufl. Frankfurt a. M. 1975)
Studien zur deutschen Literaturgeschichte. Berlin 1953
Schiller und die Nation. Berlin 1953
Richard Wagners geistige Entwicklung. Düsseldorf 1954
Das Ideal und das Leben. Leipzig 1955
Leiden und Größe Thomas Manns. Berlin 1956
Deutsche Literatur und Weltliteratur. Reden und Aufsätze. Berlin 1957
Von Lessing bis Thomas Mann. Wandlungen der bürgerlichen Literatur in Deutschland. Pfullingen 1959
Richard Wagner in Selbstzeugnissen und Bilddokumenten. Hamburg 1959
Bertolt Brecht und die Tradition. Pfullingen 1961
Heinrich von Kleist. Der geschichtliche Augenblick. Pfullingen 1962
Ansichten. Zur Literatur der Zeit. Pfullingen 1962
Zur deutschen Klassik und Romantik. Pfullingen 1963

Dürrenmatt und Frisch. Pfullingen 1963
Georg Büchner: Woyzeck. Frankfurt a. M./Berlin 1963
Platon und die finsteren Zeiten. Über die Möglichkeiten einer Akademie im heutigen Deutschland. Berlin 1965
Anmerkungen zu Brecht. Frankfurt a. M. 1965
Anmerkungen zu Richard Wagner. Frankfurt a. M. 1966
Zur deutschen Literatur der Zeit. Zusammenhänge-Schriftsteller-Bücher. Hamburg 1967
Gerhart Hauptmann. Velber b. Hannover 1967
Das Geschehen und das Schweigen. Aspekte der Literatur. Frankfurt a. M. 1969
Der Repräsentant und der Märtyrer. Konstellationen der Literatur. Frankfurt a. M. 1971
Brecht in der Geschichte. Drei Versuche. Frankfurt a. M. 1971
Zwei Bäume der Erkenntnis. Berlin 1971
Anmerkungen zu Sartre. Pfullingen 1972
Goethe. Ein Versuch über den Erfolg. Frankfurt a. M. 1973
Vereinzelt Niederschläge; Kritik, Polemik, Essays. Pfullingen 1973
Außenseiter. Frankfurt a. M. 1975
Richard Wagner in Bayreuth. Stuttgart/Zürich 1976
Über Friedrich Dürrenmatt und Max Frisch. Pfullingen 1977
Nach Jahr und Tag. Reden 1945-1977. Frankfurt a. M. 1978
Doktor Faust und Don Juan. Frankfurt a. M. 1979
Thomas Mann. Frankfurt a. M. 1980
Versuche über die Oper. Frankfurt a. M. 1981
Ein Deutscher auf Widerruf. Erinnerungen I. Frankfurt a. M. 1982
Ein Denkmal für Johannes Brahms. Frankfurt a. M. 1983
Ein Deutscher auf Widerruf. Erinnerungen II. Frankfurt a. M. 1984
Versuch über Hans Henny Jahnn, Aachen 1984
Aufklärung heute. Reden und Vorträge 1978-1984. Frankfurt a. M. 1985
Das unglückliche Bewußtsein. Zur deutschen Literaturgeschichte von Lessing bis Heine. Frankfurt a. M. 1986, 1989, 1990
Versuche über Schiller. Frankfurt a. M. 1987
Gelebte Literatur. Frankfurter Vorlesungen zur Poetik. Frankfurt a. M. 1987
Augenblicke. Ein Lesebuch. Hrsg. von Wolfgang Hofer und Hans Dieter Zimmermann. Frankfurt 1987
Ansichten von Deutschland. Bürgerliches Heldenleben. Frankfurt a. M. 1988
Reden über Ernst Bloch. Frankfurt a. M. 1989
Stadtansichten. Frankfurt a. M. 1989
Weltliteratur. Studien und Versuche. Frankfurt a. M. 1989
Abend der Vernunft: Reden und Vorträge 1985-1990. Frankfurt a. M. 1990

✓ *Der Turm von Babel: Erinnerungen an eine Deutsche Demokratische Republik.* Frankfurt a. M. 1991 [Post-kommunist.]
Die umerzogene Literatur. Deutsche Schriftsteller und Bücher 1945-1967. Frankfurt a. M. 1991
Über Erich Fried. Hamburg 1991
Frisch und Dürrenmatt. Frankfurt a. M. 1992
Die unerwünschte Literatur. Deutsche Schriftsteller und Bücher 1968-1985. Frankfurt a. M. 1992
Der Zeitgenosse Walter Benjamin. Frankfurt a. M. 1992
Wendezeiten: Über Deutsche und Deutschland. Frankfurt a. M. 1993
✓ *Der Widerruf: Über Deutsche und Juden.* Frankfurt a. M. 1994
»Lenz«: Die Erzählung von Georg Büchner und der Film von George Moorse. München 1994
Das Wiedersehen mit China. Erfahrungen 1954-1994. Frankfurt a. M. 1995
Brecht und Beckett: Erfahrungen und Erinnerungen. Berlin 1995
Erinnerung an Brecht. Frankfurt a. M. 1996
Brecht. Frankfurt a. M. 1996
Reden über Deutschland. Frankfurt a. M. 1996
Reisen nach Jerusalem. Erfahrungen 1968 bis 1995. Frankfurt a. M. 1997

2. Veröffentlichungen in Büchern, Zeitschriften, Zeitungen

Staatstheorie und Staatspolitik. Bemerkungen zu Hans Kelsens Schrift »Der Staat als Integration«. In: *Die Justiz. Monatsschrift für Erneuerung des Deutschen Rechtswesens*, Berlin, Febr./März 1932, S. 249 ff.
Verfassungsbruch oder Verfassungsschutz? In: *Die Justiz. Monatsschrift für Erneuerung des Deutschen Rechtswesens*, Berlin, September 1932, S. 545 ff.
Wilhelm Sauer: Kriminalsoziologie. In: *Zeitschrift für Sozialforschung* 3/1934, S. 461 f. [Rez.]
Hans Kelsen: Reine Rechtslehre. In: *Zeitschrift für Sozialforschung* 4/1935, S. 137
Hermann Heller: Staatslehre. Ebd., S. 277 f.
Alois Schrattenhofer: Soziale Gerechtigkeit. Ebd., S. 282 f.
Giuseppe lo Verde: Die Lehre vom Staat im neuen Italien. (u. a.) Ebd., S. 467 f.
Egon Reiche: Rousseau und das Naturrecht. (u. a.) In: *Zeitschrift für Sozialforschung* 5/1936, S. 120 f.
William Robson: Civilisatiion and the Growth of Law. Ebd., S. 131 f.
Mihail Manoilesco: Le siècle du corporatisme. (u. a.) Ebd., S. 145-148
Hans Proesler: Die Anfänge der Gesellschaftslehre. Ebd., S. 274
Kurt Schilling: Der Staat. (u. a.) Ebd., S. 298 f.

Arthur Holcombe: Government in a Planned Democracy. Ebd., S. 458
Günther Kauss u. Otto v. Schweinichen: Disputation über den Rechtsstaat. Ebd., S. 460 f.
Alexander Gurwitsch: Das Rechtsproblem in der deutschen staatswissenschaftlichen Literatur. Ebd., S. 461 f.
Autorität und Familie in der Theorie des Anarchismus. In: *Autorität und Familie. Studien aus dem Institut für Sozialforschung.* Hg. v. Max Horkheimer, Paris 1936, S. 824 ff.
Werner Sombart: Soziologie. Leopold v. Wiese: Sozial, geistig und kulturell. (u. a.) In: *Zeitschrift für Sozialforschung* 6/1937, S. 179-181
Carl J. Burckhardt: Richelieu. Ebd., S. 204 f.
Erich Vogelin: Der autoritäre Staat. Ebd., S. 226 f.
Paolo Treves: Joseph de Maistre. Ebd., S. 427 f.
Karl Löwith: Jacob Burckhardt. Ebd., S. 428 f.
Adolf Menzel: Der Staatsgedanke des Faschismus. (u. a.) Ebd., S. 464 f.
Ossip K. Flechtheim: Hegels Strafrechtstheorie. Ebd., S. 662
Max Adler: Das Rätsel der Gesellschaft. (u. a.) Ebd., S. 663 f.
Reinhold Aris: History of Political Thought in Germany. Ebd., S. 705 f.
Zweifel und Verzweiflung. Zum Tod von Leo Ferrero. In: *Der Kleine Bund. Literarische Beilage des »Bund«*, Bern, 21. 11. 1937
Erich Kahler: Der deutsche Charakter in der Geschichte Europas. In: *Der Bund*, Bern, 14. 6. 1938. (Abendausgabe)
Otto Vossler: Der Nationalgedanke von Rousseau bis Ranke. In: *Zeitschrift für Sozialforschung* 7/1938, S. 240 f.
Kurt A. Mautz: Die Philosophie Max Stirners. Ebd., S. 241 f.
Adolf Menzel: Grundriß der Soziologie. Ebd., S. 421
Oswald Spengler: Reden und Aufsätze. Ebd., S. 421 f.
Stirner und Hegel. In: *Neue Zürcher Zeitung*, 6. 9. 1938
Marc-Edouard Chenevière: La pensée politique de Calvin. In: *Zeitschrift für Sozialforschung* 8/1939, S. 240
Sjoerd Hofstra: Die sozialen Grundlagen von Erkenntnis und Wissenschaft. Ebd., S. 241 f.
Fragment oder Vollendung? Aus »Georg Büchner« von Hans Mayer. In: *Programmhefte des Schauspielhauses Zürich*, Spielzeit 1939/40, Heft 24
Anmerkung über Rimbaud. In: *Die Tat*, Zürich, 10. 11. 1941
Der glückliche Dichter Jean Giraudoux. In: *Neue Schweizer Rundschau*, Zürich, April 1944, S. 765 ff. (pseud.)
100. Geburtstag von Paul Verlaine. In: *Neue Schweizer Rundschau*, Zürich, Juli 1944, S. 170 ff. (pseud.)
Faust und die Huldigung der Künste. In: *Neue Schweizer Rundschau*, Zürich, Dezember 1944, S. 478 ff. (pseud.)
Eine Stimme aus dem Zuschauerraum. Nachwort zu: *Theater. Meinungen und Erfahrungen.* Zürich-Affoltern 1945

Innerlichkeit als Propaganda. Deutsche Träumereien an Robert Schumanns Kaminen. In: *National-Zeitung*, Basel, 11. 2. 1945
Stephan Hermlins »Zwölf Balladen von den großen Städten«. In: *Neue Schweizer Rundschau*, Zürich, Mai 1945, S. 59 ff. (pseud.)
Vom ersten zum zweiten Schriftstellerkongreß. In: *Frankfurter Hefte*, Jg. 1947, S. 1179 ff.
Zu Tolstois Romanen. In: *Das Goldene Tor*, Baden-Baden, Jg. 1947, S. 523 ff.
Der Richter vom Jahrgang 1919 (Paul E. H. Lüth). In: *Die Neue Zeitung*, München, 12. 12. 1947
Literaturgeschichte, Polemik und tiefere Bedeutung. Ein Nachwort über »Literatur und Lüth«. In: *Aufbau*, Berlin, Jg. 1948, S. 516 ff.
Der Breslauer Weltkongreß. In: *Frankfurter Hefte*, Jg. 1948, S. 975 ff.
Thomas Manns Roman ›Doktor Faustus‹. In: *Ost und West*, Berlin, Jg. 1948, S. 23 ff.
Bert Brecht zum 50. Geburtstag. In: *Frankfurter Rundschau*, 14. 12. 1948
Die deutsche Literatur und der Scheiterhaufen. In: *Aufbau*, Berlin, Jg. 1948, S. 463 ff.
Nachwort zu »Jettchen Gebert« von Georg Hermann. In: *Der Dreiklang*, Flensburg, 12. 6. 1948
Kulturkrise und neue Musik. In: *Melos*, Mainz, August/September-Heft und Oktober-Heft 1948
Der Schriftsteller und die Krise der Humanität. In: *Literatur und Politik*, Konstanz 1948
Thomas Manns »Zauberberg« als pädagogische Provinz. In: *Sinn und Form*, Berlin, H. 4/1949, S. 48 ff.
Goethes Erbschaft. In: *Zu neuen Ufern... Essays über Goethe.* Berlin 1949
Exkurs über »Dr. Jekyll und Mr. Hyde«. In: *Zwei Jahre ›Volk und Welt‹.* Berlin 1949, S. 2 ff.
Einleitung zu: Alfred Kämpf, *Die Revolte der Instinkte.* Berlin 1949
Bertolt Brecht oder die plebejische Tradition. In: *Sinn und Form, Sonderheft Bertolt Brecht*, Berlin 1949, S. 42 ff.
Einleitung zu: Karl Marx/Friedrich Engels, *Revolution und Konterrevolution in Deutschland.* Berlin 1949, S. 5 ff.
Nachwort zu: Henry Fielding, *Tom Jones*, Berlin 1951
Mickiewicz und die deutsche Klassik. In: *Heute und Morgen*, Schwerin, Jg. 1951, S. 348 ff.
Bechers »Tagebuch 1950«. In: *Aufbau*, Berlin, Jg. 1951, S. 822 ff.
Wischnewskis »Optimistische Tragödie«. In: *Heute und Morgen*, Schwerin, Jg. 1951, S. 691 ff.
Anmerkungen zu einem Gedicht von Heinrich Heine. In: *Sinn und Form*, Berlin, Jg. 1951, S. 177 ff.

Thomas Mann, Mario und der Zauberer. In: *Aufbau*, Berlin, Jg. 1951, S. 499 ff.
Jugend und Vollendung des Königs Henri Quatre. Zu den Romanen Heinrich Manns. In: *Sonntag*, Berlin, 27. 1. 1952
Der Dichter Balzac und der Dichter Lucien de Rubempré. In: *Sinn und Form*, Berlin H. 5/1952, S. 121 ff.
Zu einem Brief Thomas Manns an Gerhart Hauptmann. In: *Sinn und Form*, Berlin, H. 6/1952, S. 9 ff.
Die dramatischen Meisterwerke Gerhart Hauptmanns. In: *Heute und Morgen*, Schwerin, Jg. 1952, S. 980 ff.
Der Dichter und das »feuilletonistische Zeitalter«. Über einige Motive im Werk Hermann Hesses. In: *Aufbau*, Berlin, Jg. 1952, S. 613 ff.
Arnold Zweigs Grischa-Zyklus. In: *Sinn und Form*, Sonderheft Arnold Zweig, Berlin 1952, S. 203 ff.
Nachwort zu: Louis Aragon, *Die Reisenden der Oberklasse.* (»Le Monde réel«, Bd. III) Berlin 1952
Nachwort zu: Tobias Smollett, *Die Abenteuer Roderich Randoms.* Berlin 1952
Anmerkungen zu einer Szene aus »Mutter Courage«. In: *Theaterarbeit.* Hg. v. Berliner Ensemble. Dresden 1953, S. 249 ff.
Richard Wagners geistige Entwicklung. In: *Sinn und Form*, Berlin, H. 3/4/1953, S. 111 ff.
Nachwort zu: Denis Diderot, *Jakob und sein Herr.* Berlin 1953
Deutsche Literatur und Weltliteratur. In: *Aufbau*, Berlin, Jg. 1954, S. 299 ff.
Wiederbegegnung mit Lion Feuchtwanger. In: *Tägliche Rundschau*, Berlin 2. 7. 1954
Lessing, Mitwelt und Nachwelt. In: *Sinn und Form*, Berlin, Jg. 1954, S. 5 ff.
Madame Bovary. In: *Sinn und Form*, Berlin, Jg. 1954, S. 880 ff.
Georg Büchners ästhetische Anschauungen. In: *Zeitschrift für deutsche Philologie*, Berlin, Jg. 1954, S. 129 ff.
Verlagsgeschichte als Literaturgeschichte. In: *Zeitschrift für Geschichtswissenschaft*, Berlin, Jg. 1955, S. 46 ff.
Nachruf auf Paul Rilla. In: *Sinn und Form*, Berlin, Jg. 1955, S. 120 ff.
Leiden und Größe Thomas Manns. In: *Sinn und Form*, Berlin, Jg. 1955, S. 369 ff.
Georg Lukács zum 70. Geburtstag. In: *Georg Lukács*, Berlin 1955
Deutsche Dramatik im zwanzigsten Jahrhundert. In: *Neue deutsche Literatur*, Berlin, H. 8/1955, S. 83 ff.
Schillers Vorreden zu den »Räubern«. In: *Goethe. N. F. des Jahrbuchs der Goethe-Gesellschaft*, Weimar 1955, S. 45 ff.
Das Ideal und das Leben. In: *Schiller in unserer Zeit. Beiträge zum Schil-*

lerjahr 1955. Hg. v. Schiller-Komitee. Weimar 1955, S. 295 ff., und in: *Schiller-Reden im Gedenkjahr 1955.* Stuttgart 1955, S. 162 ff.
Bemerkungen zu einer Maxime Ernst Jüngers. In: *Ernst Bloch zum 70. Geburtstag,* Berlin 1955, S. 241 ff.
Nachwort zu: Honoré de Balzac, *Junggesellenwirtschaft.* Berlin 1955
Goethes Begriff der Realität. In: *Goethe. N. F. des Jahrbuchs der Goethe-Gesellschaft,* Weimar 1956, S. 26 ff.
Nachwort zu: Conrad Ferdinand Meyer, *Jürg Jenatsch.* Berlin 1956
Erinnerung an Wilhelm Pieck. In: *Wilhelm Pieck zum 80. Geburtstag.* Berlin 1956
Der frühe Brecht. In: *Aufbau,* Berlin, Jg. 1956, S. 831 ff.
Zur Gegenwartslage unserer Literatur. In: *Sonntag,* Berlin, 2. 12. 1956
Was erwartet das Publikum vom Literaturwissenschaftler? In: *Aufbau,* Berlin, Jg. 1956, S. 659 ff.
Weiskopf der Mittler. In: *Neue deutsche Literatur,* Berlin, H. 9/1957, S. 82 ff.
Der Dramatiker Bernard Shaw. Vorwort zu einer vierbändigen Ausgabe ausgewählter Schauspiele von G. B. Shaw. Berlin 1957
Vergebliche Renaissance: Das »Märchen« bei Goethe und Gerhart Hauptmann. In: *Gestaltung-Umgestaltung, Festschrift zum 75. Geburtstag von Hermann August Korff.* Leipzig 1957, S. 92 ff.
Karl Kraus und die Nachwelt. In: *Sinn und Form,* Berlin, Jg. 1957, S. 934 ff.
Gelegenheitsdichtung des jungen Brecht. In: *Sinn und Form,* Berlin, Jg. 1958, S. 276 ff.
Die Wirklichkeit E. T. A. Hoffmanns. Ein Versuch. Einführung zu einer sechsbändigen Ausgabe von E. T. A. Hofmanns *Poetischen Werken.* Berlin 1958
Schillers Nachruhm. In: *Études Germaniques,* Paris, Jg. 1959, S. 374 ff. (*Sinn und Form,* Berlin, Jg. 1959, S. 701 ff.)
Der Zeichner und die Farben. (Über Ludwig Renn.) In: *Sinn und Form,* Berlin, Jg. 1959, S. 174 ff.
Einleitung zur rumänischen Ausgabe der *Buddenbrooks.* Bukarest 1960
Richtige und falsche Bücher. In: *Literatur und Literaturkritik in Deutschland.* Hg. von der Redaktion *Die Zeit.* Hamburg 1960
Schillers Gedichte und die Traditionen deutscher Lyrik. In: *Jahrbuch der deutschen Schillergesellschaft,* Bd. IV, Stuttgart 1960, S. 72 ff.
Goethes ›Italienische Reise‹. In: *Sinn und Form,* Berlin, Jg. 1960, S. 235 ff.
Kafka und kein Ende? In: *Die Zeit,* Hamburg, 13. 1. 1961
Dem Wahren, Guten, Schönen. Epilog zur Schiller-Feier 1959. In: *Schiller. Reden im Gedenkjahr 1959.* Stuttgart 1961, S. 159 ff.
Aragons Roman »Die Karwoche«. Nachwort zur Übersetzung des Romans *La Semaine sainte.* München und Berlin 1961

Goethe, Die Epen. Nachwort zu Bd. 6 der *Sämtlichen Werke* Goethes im Deutschen Taschenbuch Verlag, München 1961
Hermann Hesses »Glasperlenspiel« oder Die Wiederbegegnung. Nachwort zu einer Ausgabe des *Glasperlenspiels*, Berlin 1961
Anmerkung zu dem Gedicht »An die Nachgeborenen«. In: *Mein Gedicht. Begegnungen mit deutscher Lyrik.* Wiesbaden 1961
Faust, Aufklärung, Sturm und Drang. In: *Literaturgeschichte als geschichtlicher Auftrag. Festschrift zum 60. Geburtstag von Werner Krauss.* Berlin 1961, S. 79 ff.
Max Beckmanns Selbstbildnis 1927. In: *Die Zeit*, Hamburg, 30. 6. 1961
Hugo von Hofmannsthal und Richard Strauss. In: *Sinn und Form*, Berlin, Jg. 1961, S. 888 ff.
Brecht und Dürrenmatt oder Die Zurücknahme. In: *Der unbequeme Dürrenmatt.* Basel-Stuttgart 1962
La Vie et l'œuvre de Thomas Mann. In: Th. Mann, *La Mort à Venise.* Paris 1962, S. 25 ff.
Formation et Transformation des termes littéraires. In: *Acta Litteraria Academiae Scientiarium Hungaricae*, Tom V, Budapest 1962, S. 63 ff.
Grabbe, Büchner, Hebbel. In: *Welttheater. Bühnen – Autoren – Inszenierungen.* Braunschweig 1962, S. 245 ff.
Danzel als Literaturhistoriker. Einführung in: Theodor Wilhelm Danzel, *Zur Literatur und Philosophie der Goethezeit. Gesammelte Aufsätze zur Literaturwissenschaft.* Stuttgart 1962
Kafka und kein Ende? Zur heutigen Lage der Kafkaforschung. In: *Kwartalnik Neofilologiczny*, Warschau, Jg. 1962, S. 127 ff.
Anmerkung zu einer Erzählung von Anna Seghers. Nachwort zu: *Der Ausflug der toten Mädchen.* Leipzig 1962
Zum 85. Geburtstag von Hermann Hesse. In: *Neue Zeit*, Berlin, 30. 6. 1962
Anmerkungen zum zeitgenössischen Drama. In: *Sinn und Form*, Berlin, Jg. 1962, S. 667 ff.
Rede zu Ehren Gerhart Hauptmanns. In: *Der Morgen*, Berlin, 23. 12. 1962
Tannhäuser und die künstlichen Paradiese. In: *Programmheft ›Tannhäuser‹*, Bayreuther Festspiele 1962
Hesses »Steppenwolf« nach fünfunddreißig Jahren. Nachwort zu: Hermann Hesse, *Der Steppenwolf.* Berlin 1963
Schiller, Die Erzählungen. Nachwort zu einer Neuausgabe der Erzählungen im Insel-Verlag, Leipzig 1963
Wagners Nichtmehr und Nochnicht im »Fliegenden Holländer«. In: *Jahrbuch der Komischen Oper*, Bd. II, Berlin 1963
Tristans Schweigen. In: *Programmheft ›Tristan‹*, Bayreuther Festspiele 1963

Die bösen Märchenträume des Jevgenij Schwarz. In: *Programmhefte der Kammerspiele München,* Spielzeit 1963/64, Nr. 4
Zur Lage der Romantik-Forschung. In: *Wiss. Zs. d. Univ. Leipzig,* Jg. 1963, S. 493 ff.
Jean Pauls Nachruhm. In: *Études Germaniques,* Paris, Jg. 1963, S. 58 ff. westen
Erinnerungen an Robert Musil. In: *Tagebuch,* Wien, Mai/Juni 1963
Critics and the Separation of Powers. In: *The Times Literary Supplement,* London, 27. 9. 1963 (Dt.: *Das Amt des Literaturkritikers.* In: *Die Zeit,* Hamburg, 11. 10. 1963)
»Meistersinger« ohne 19. Jahrhundert. In: *Theater heute,* Velber b. Hannover, H. 9/1963
Was nicht untergehen sollte. Anläßlich der Buchmesse. In: *Die Zeit,* Hamburg, 11. 10. 1963
Abbiamo Ionesco, ma non ci basta. In: *Il filo rosso,* Mailand, Dezember 1963, S. 55 ff.
Hans Mayers Büchertagebuch 1-12. In: *Die Zeit,* Hamburg, Nr. 2-52/1964
Literatur und Kommunismus (mit François Bondy). In: *Der Monat,* Berlin, H. 185/1964, S. 49 ff.
Pelle der Eroberer und Morten der Rote. Über zwei Romane von Martin Andersen Nexö. In: *Bodenseebuch, Jahrbuch für Wissenschaft, Kritik und Kunst,* Kreuzlingen/Schweiz 1964, S. 59 ff.
Von guten und schlechten Traditionen deutscher Sprache und Literatur. In: *Sind wir noch das Volk der Dichter und Denker?* Reinbek 1964, S. 7 ff.
Hermann Hesses »Steppenwolf«: eine Wiederbegegnung. In: *Studii germanici* (nuova serie), Jg. 1964, S. 76 ff.
Germanistik – Englisch und Deutsch. (Rezension zweier Bücher von Roy Pascal und Herbert Singer.) In: *Frankfurter Hefte,* Jg. 1964, S. 667 ff.
Hans Mayers Büchertagebuch 1-8. In: *Die Zeit,* Hamburg, Nr. 4-35/1965
Anmerkung zu Reden von Adolf Arndt. Nachwort zu: *Geist der Politik, Reden von Adolf Arndt.* Berlin 1965
Über Brechts Gedichte. In: *Études Germaniques,* Paris, Jg. 1965, S. 269 ff.
Nachwort zu: Bertolt Brecht, *Stücke 1935-45.* Frankfurt a. M. 1965, S. 657 ff.
Einleitung zu: Bertolt Brecht, *Teatro.* Torino 1965, S. VII ff.
Nachwort zu: Jean-Paul Sartre, *Die Wörter.* Reinbek 1965
Uwe Johnson, Das dritte Buch über Achim. In: *Deutsch für die Oberstufe 1965-66.* La saret (hg. v. schwedischen Rundfunk, Stockholm) Nr. 1033, 1965-66, S. 81 ff.
Walter Jens, Herr Meister. In: *Walter Jens. Eine Einführung.* München 1965, S. 80 ff.
Artikel »Literaturwissenschaft in Deutschland«. In: *Das Fischer Lexikon, Literatur II,* Erster Teil. Frankfurt a. M. 1965

Ernst Blochs poetische Sendung. In: *Ernst Bloch zu Ehren.* Frankfurt a. M. 1965, S. 21 ff.
Wagners »Ring« als bürgerliches Parabelspiel. In: *Theater heute,* Velber b. Hannover, H. 9/1965, S. 10 ff.
Zerstörung und Selbstzerstörung in Wagners »Ring des Nibelungen«. In: *Programmheft »Rheingold«,* Bayreuther Festspiele 1965
Orpheus im Zeitenwandel. In: *Programmhefte der Städt. Bühnen Nürnberg-Fürth,* Spielzeit 1965/66, Nr. 13
Grabe und die tiefere Bedeutung. In: *Akzente,* München, H. 1/1965, S. 79 ff.
Lion Feuchtwanger oder Die Folgen des Exils. In: *Neue Rundschau,* Frankfurt a. M., H. 1/1965, S. 120 ff.
Brecht e l'umanità. In: *Duemila,* Rom, H. 3/1965, S. 10 ff.
Keeping off the Grass. In: *The Times Literary Supplement,* London, 30. 9. 1965 (ungezeichnet)
Berlinische Dramaturgie von Gerhart Hauptmann bis Peter Weiss. In: *Theater heute,* Velber b. Hannover, H. 12/1965, S. 1 ff.
Nachwort zu: Gerhart Hauptmann, *Griechischer Frühling,* Berlin 1966
Der unzuverlässige Jean Paul. Nachwort zu: Jean Paul, *Politische Fastenpredigten während Deutschlands Marterwoche.* Frankfurt a. M. 1966
Die Frage nach der Einheit der deutschen Literatur. In: *Auswärtige Kulturbeziehungen.* Neuwied 1966, S. 83 ff.
Sprechen und Verstummen der Dichter. In: *Die deutsche Sprache im 20. Jahrhundert.* Göttingen 1966, S. 64 ff.
Peter Huchel, Winterpsalm. Erinnernde Deutung. In: *Doppelinterpretationen. Das zeitgenössische Gedicht zwischen Autor und Leser.* Frankfurt a. M. 1966, S. 98 ff.
Rhetorik und Propaganda. In: *Festschrift zum 80. Geburtstag von Georg Lukács.* Neuwied 1966, S. 119 ff.
Musik und Literatur. In: *Über Gustav Mahler.* Tübingen 1966, S. 142 ff.
Das Jahrhundert und sein Roman. In: *Akzente,* München, H. 1/2/1966, S. 17 ff.
Der pessimistische Aufklärer Kurt Tucholsky. In: *Moderna Språk,* Stockholm, Nr. 3/1966, S. 286 ff.
Anmerkungen zum »Doktor Faustus« von Thomas Mann. In: *Sprache im technischen Zeitalter,* Stuttgart, H. 17/18/1966, S. 64 ff.
Ein imaginäres Romanmuseum des 20. Jahrhunderts. In: *Die Weltwoche,* Zürich, 17. 6. 1966
Fahrt zu Alfred Döblin. In: *Literarium 14,* Olten/Schweiz, 1966, S. 3/4
Komödie, Trauerspiel, deutsche Misere. Über Dürrenmatts »Meteor« und Grassens »Die Plebejer proben den Aufstand«. In: *Theater heute,* Velber b. Hannover, H. 3/1966, S. 23 ff.
Rückblick auf den Expressionismus. In: *Neue deutsche Hefte,* Berlin, H. 4/1966, S. 32 ff.

Faust II ohne Faust I. In: *Programmheft ›Faust II‹ des Schiller-Theaters*, Berlin 1966

Rückblick des Dramaturgen. (Faust II in Berlin) In: *Theater heute*, Sonderheft *Theater 1966*, Velber b. Hannover 1966, S. 44

Schillers Dramen – für die Gebildeten unter ihren Verächtern. In: *Schillers Werke* in 4 Bänden. Frankfurt a. M. 1966, Bd. II, S. 481 ff.

Die Frage nach dem Lyriker Schiller. In: *Schillers Werke* in 4 Bänden. Frankfurt a. M. 1966, Bd. III, S. 479 ff.

Der Moralist und das Spiel. Zu Friedrich Schillers theoretischen Schriften. In: *Schillers Werke* in 4 Bänden. Frankfurt a. M. 1966, Bd. IV, S. 809 ff.

Verhaltensforschung auf Brechtsche Art. In: *Programmheft Atelier am Naschmarkt*, Wien, H. 4/1966/67, S. 2 u. 5 ff. (Zu: Bertolt Brecht, *Der Fischzug*)

Lessing und Aristoteles. In: *Festschrift für Bernhard Blume.* Göttingen 1967

Robert Minder, Dichter in der Gesellschaft. In: *Der Spiegel*, Hamburg, 5. 6. 1967

Das lyrische Tagebuch des Günter Grass. In: *Der Tagesspiegel*, Berlin, 23. 7. 1967

Bayreuther Bilanz 1967. In: *Theater heute*, Velber b. Hannover, H. 9/1967, S. 1 ff.

Klappentext und schielende Löwen. In: *Die Zeit*, Hamburg, 13. 10. 1967

Die Innenwelt und ihr Preis. Über: Max Kommerell, *Briefe und Aufzeichnungen.* In: *Der Spiegel*, Hamburg, 27. 11. 1967

Sartre, Flaubert und die Dummheit. In: *Süddeutsche Zeitung*, München, 5./7. 1. 1968

Wie aktuell ist Georg Büchner? Zur historisch-kritischen Ausgabe seiner Werke. In: *Süddeutsche Zeitung*, München, 11./12. 5. 1968

Karl Marx und die moderne Wissenschaft. In: *Der Gewerkschafter*, H. 6 u. 7/1968

Leiden und Größe Thomas Manns. In: *Exil-Literatur 1933-1945.* Bad Godesberg (Inter Nationes) 1968, S. 47 ff.

Lohengrin oder die Utopie in A-Dur. In: *Programmheft »Lohengrin«*, Bayreuther Festspiele 1968

Was Geschichtsschreibung noch zu leisten vermochte. Zu Carl Jacob Burckhardts Werk über Richelieu. In: *Der siebente Tag*, Wochenendbeilage der *Hannoverschen Allgemeinen Zeitung*, 27./28. 1. 1968

Goethes »Faust« als episch-dramatisches Theater. Über: Wolfgang Streicher, *Die dramatische Einheit von Goethes »Faust«.* In: *Frankfurter Allgemeine Zeitung*, 2. 4. 1968

Von der Spätromantik zum Realismus. In: *Germanistik*, Tübingen, H. 3/1968, S. 599 ff.

Peer Gynt als Zeitgenosse. In: *Theater heute*, Velber b. Hannover, H. 8/1968, S. 21 ff.

Biermanns Gesang zwischen den Stühlen. In: *Buch und Zeit,* Beilage der *Süddeutschen Zeitung* zur Frankfurter Buchmesse 1968, München, 18. 9. 1968

Bildung, Besitz und Theater. In: *Die Zeit,* Hamburg, 20. 9. 1968. Fortsetzung unter dem Titel: *Die Bühne – ein Museum?* In: *Die Zeit,* Hamburg, 27. 9. 1968

Jux mit Nestroy. In: *Die Zeit,* Hamburg, 22. 11. 1968

Ordnung schaffen in den Abfallgebirgen. Zur Situation der deutschen Literaturwissenschaft heute. In: *Hannoversche Allgemeine Zeitung,* 24. 12. 1968

Der unzeitgemäße Theodor Lessing. In: *Der siebente Tag,* Wochenendbeilage der *Hannoverschen Allgemeinen Zeitung,* 7./8. 6. 1969

Die neue literarische Saison. In: *Die Zeit,* Hamburg, 10. 10. 1969. Wieder abgedruckt unter dem Titel: *Zur aktuellen literarischen Situation,* In: *Die deutsche Literatur der Gegenwart,* Stuttgart 1971, S. 63 ff.

Walter Schönau, Sigmund Freud's Prosa. In: *Psyche,* Stuttgart, H. 12/1969, S. 951 f.

Famulus Wagner und die moderne Wissenschaft. In: *Gestaltungsgeschichte und Gesellschaftsgeschichte. Fritz Martini zum 60. Geburtstag.* Stuttgart 1969

Politische Rhetorik und deutsche Gegenwartsliteratur. In: *Festschrift für Adolf Arndt zum 65. Geburtstag.* Frankfurt a. M. 1969

Don Juans Höllenfahrt. Don Juan und Faust. In: *Untersuchungen zur Literatur als Geschichte. Festschrift für Benno von Wiese.* Berlin 1973, S. 182 ff.

Über Christa Wolf: »Nachdenken über Christa T.« In: *Neue Rundschau,* Frankfurt a. M., H. 1/1970, S. 180-186

Manès Sperber, Alfred Adler oder das Elend der Psychologie. In: *Neue Rundschau,* Frankfurt a. M., Jg. 1970, S. 598 ff.

Lessing loben und Lessing lesen. In: *Die Zeit,* Hamburg, 10. 4. 1970

Die Literatur der künstlichen Paradiese. In: *Merkur,* Stuttgart, H. 6/1970, S. 514 ff.

Georg Lukács, Geschichte und Klassenbewußtsein. In: *Der Spiegel,* Hamburg, 31. 8. 1970

Herr und Knecht – kämpfend oder kampfesmüd? Variationen über ein Thema von Hegel in der modernen Weltliteratur. In: *Süddeutsche Zeitung,* München, 25./26. 7. 1970

Bayreuth, Langeweile, Restauration. In: *Theater heute,* Velber b. Hannover, H. 9/1970, S. 26 ff.

Vom Altern der Literaten und der Literatur. Vortrag beim Symposion über »Integrierte und nichtintegrierte Revolution in der Kunst« beim »Steirischen Herbst«, 8. 10. 1970. In: *Musik zwischen Engagement und Kunst.* Hg. v. Otto Kolleritsch, Graz 1972, S. 100-115

Erinnerungen und Reflexionen eines Unpolitischen. (Über Ernst Fischer) In: *Der Spiegel*, Hamburg, 12. 1. 1970
Politische Philosophie der beiden Janusköpfe. (Über Ernst Blochs politische Aufsätze) In: *Die Weltwoche*, Zürich, 19. 3. 1971
Das geliebte Klischee. In: *Der Tagesspiegel*, Berlin, 25. 3. 1971
Malina oder Der große Gott von Wien. In: *Die Weltwoche*, Zürich, 30. 4. 1971
Bekenntnisse eines Spätdenkers. (Über Jean Améry, *Unmeisterliche Wanderjahre*) In: *Die Weltwoche*, Zürich, 2. 7. 1971
Der »Ring« und die Zweideutigkeit des Wissens. In: *Programmheft »Götterdämmerung«*, Bayreuther Festspiele 1971
Woran starb die Gruppe 47? Anmerkungen zur Lage der Literaturkritik. In: *Süddeutsche Zeitung*, München, 21./22. 8. 1971
Die Legende der unheiligen Leni Gruyten. (Über Heinrich Bölls *Gruppenbild mit Dame.*) In: *Die Weltwoche*, Zürich, 10. 9. 1971
Ein Doktortitel vor Gericht. In Sachen Zehm gegen Holz. In: *Die Zeit*, Hamburg, 3. 2. 1972
Gemauschel. Vom aufhaltsamen Aufstieg eines Modeworts. In: *Süddeutsche Zeitung*, München, 28. 2. 1972
Die Innenwelt der deutschen Misere. »Kabale und Liebe« im Deutschen Schauspielhaus Hamburg. In: *Theater heute*, Velber b. Hannover, H. 4/1972, S. 16 f.
Peter Weiss und die zweifache Praxis der Veränderung. In: *Theater heute*, Velber b. Hannover, H. 5/1972, S. 18 ff.
Amfortas und Kundry oder die Wollust des Sterbens. In: *Programmheft »Parsifal«*, Bayreuther Festspiele 1972
K. R. Eissler, Discourse on Hamlet and Hamlet. In: *Psyche*, Stuttgart, H. 7/8/1972, S. 623 ff.
Max Frisch, Tagebuch 1966-1971. In: *Der Spiegel*, Hamburg, 12. 6. 1972
Kriechspur zwischen Stillstand und Fortschritt. (Über: Günter Grass, *Aus dem Tagebuch einer Schnecke.*) In: *Die Weltwoche*, Zürich, 16. 8. 1972
Entdeckung eines Kritikers. Gottfried Justs gesammelte Reflexionen über die Literatur der sechziger Jahre. In: *Süddeutsche Zeitung*, München, 9./10. 9. 1972
Vielfache Betrachtungen der Gartenzwerge. Neue Variationen zum Thema »Kitsch«. In: *Süddeutsche Zeitung*, München, 18./19. 11. 1972
Denkspiel oder Traumspiel? Kleists »Prinz von Homburg« im Schillertheater und bei der Schaubühne. In: *Theater heute*, Velber b. Hannover, H. 12/1972, S. 8 ff.
Bleibt unerklärlich: Der Fall Raddatz. In: *Die Zeit*, Hamburg, 2. 3. 1973
Augenblicke im amerikanischen Theater. In: *Süddeutsche Zeitung*, München, 30. 6./1. 7. 1973

Nachsitzen nach der Deutschstunde. Über: Siegfried Lenz, *Das Vorbild.* In: *Der Spiegel,* Hamburg, 20. 8. 1973
Strehler in Salzburg oder Reinhardt dringend gesucht. In: *Theater heute,* Velber b. Hannover, H. 10/1973, S. 1 ff.
Nachwort zu: Ernst Jandl, Dingfest. Gedichte. Darmstadt/Neuwied 1973
Georg Büchner in unserer Zeit. In: *Kieler Vorträge zum Theater,* H. 1, Kiel 1974, S. 5 ff.
Goethe vor uns – wir vor Goethe. Wozu Literatur in der Schule? In: *Die Zeit,* Hamburg, 22. 3. 1974
Die Banalität des Guten. Simone de Beauvoirs neue Memoiren. In: *Frankfurter Allgemeine Zeitung,* 25. 5. 1974
Schwarze Wolke, Gift des Grams. Über: Elias Canetti, *Die Provinz des Menschen.* In: *Der Spiegel,* Hamburg, 27. 5. 1974, S. 142 ff.
Zwei vom Jahrgang 1874: Hofmannsthal und Kraus. In: *Theater heute,* Velber b. Hannover, H. 8/1974, S. 12 ff.
Brot für freudige Leser. Martin Kessels literarische Essays. In: *Frankfurter Allgemeine Zeitung,* 31. 8. 1974
Obszönität und Pornographie in Film und Theater. In: *Akzente,* München, Jg. 1974, S. 372 ff.
Ernst Bloch, Utopie, Literatur. In: *Germanistische Streifzüge. Festschrift für Gustav Korlèn.* Stockholm 1974
Gedanken zur Ausstellung »Zürich als Literaturexil«. In: *Der Tagesspiegel,* Berlin, 18. 8. 1974
Musik als Luft von anderen Planeten. Ernst Blochs »Philosophie der Musik« und Ferruccio Busonis »Neue Ästhetik der Tonkunst«. In: *Frankfurter Allgemeine Zeitung,* 5. 10. 1974
Goethes »Werther« nach 200 Jahren. In: *Frankfurter Allgemeine Zeitung,* 9. 11. 1974
An Aesthetic Debate of 1951: Comment on a Text by Hanns Eisler. In: *New German Critique,* 2, Wisconsin 1974, S. 58 ff.
Die Elixiere des Kammergerichtsrats. Viele Antworten und neue Fragen in Sachen E. T. A. Hoffmann. In: *Frankfurter Allgemeine Zeitung,* 11. 1. 1975
Senegalesisches Tagebuch. In: *Süddeutsche Zeitung,* München, 1./2. 2. 1975
Ein unvermuteter Zwischenfall. Über Eduard Mörikes Gedicht »Auf einer Wanderung«. In: *Frankfurter Allgemeine Zeitung,* 22. 2. 1975
Drei Schwierigkeiten mit Ernst Bloch. In: *Frankfurter Allgemeine Zeitung,* 17. 5. 1975
Zum 70. Geburtstag von Jean-Paul Sartre. In: *Frankfurter Allgemeine Zeitung,* 21. 6. 1975
Die Rückkehr eines Riesen. Zum Erscheinen von Zolas 20bändigem Romanzyklus »Die Rougon Macquart«. In: *Süddeutsche Zeitung,* München, 28./29. 6. 1975

Der Zauberer und sein Famulus. Peter de Mendelssohns Thomas Mann-Biographie. In: *Die Weltwoche*, Zürich, 2. 7. 1975
Imaginäres Gespräch zwischen Albert Camus und Hermann Hesse. In: *Wege der deutschen Camus-Rezeption.* Darmstadt 1975
Der römische Brecht. »Die Verurteilung des Lukullus« von Bertolt Brecht und Paul Dessau. In: *Kieler Vorträge zum Theater*, H. 2, Kiel 1975
Nachwort zu einem Jubiläum. Über Thomas Mann. In: *Stuttgarter Zeitung*, 13. 9. 1975
Erinnerungen an Erika Mann. In: *Frankfurter Allgemeine Zeitung*, 8. 11. 1975
Germanistik und Renaissance. Heine-Preisträger Pierre Bertaux. In: *Frankfurter Allgemeine Zeitung*, 7. 11. 1975
Griechische Tragödie als Gegenaufklärung. Jan Kotts Weg vom schwarzen Shakespeare zum schwarzen Sophokles. In: *Süddeutsche Zeitung*, München, 13. 11. 1975
Die Geheimnisse jedweden Mannes. Über »Montauk« von Max Frisch. In: *Deutsche Zeitung*, Köln, 21. 11. 1975
Claude Debussy und sein Doppelgänger. Die kritischen Schriften über Musiker und Musik. In: *Frankfurter Allgemeine Zeitung*, 22. 11. 1975
Eine seltsame Begegnung zwischen dem Musiker Nabokov und Rilke. Ein Beitrag zum Rilke-Jubiläum, der in den Bereich des Wunderbaren gehört. In: *Frankfurter Allgemeine Zeitung*, 24. 12. 1975
Nietzsche und wir. Ein Symposion. In: *Merkur*, Stuttgart, H. 12/1975, S. 1149 ff.
Thomas Mann und der biblische Joseph. In: *Sie werden lachen, die Bibel*, Stuttgart 1975
Thomas Mann und Bertolt Brecht. Interpretation einer Feindschaft. In: *Frankfurter Allgemeine Zeitung*, 17. 1. 1976
Vorbilder und Warnbilder des Pierre Boulez. In: *Frankfurter Allgemeine Zeitung*, 3. 4. 1976
Zusammenhänge. Dürrenmatts Essay über Israel. In: *Die Zeit*, Hamburg, 9. 4. 1976
Goethe im 20. Jahrhundert. Die Germanisten und Goethe. In: *Rezeption der deutschen Gegenwartsliteratur im Ausland.* Tagungsbeiträge zu einem Symposium der Alexander von Humboldt-Stiftung, Bonn-Bad Godesberg, veranstaltet vom 21.-26. 10. 1975. Stuttgart, Berlin, Köln, Mainz 1976, S. 43 ff.
Anmerkungen zu »Parsifal«. In: *Programmheft »Parsifal« des Württembergischen Staatstheaters*, Stuttgart 1976
Hoffmanns Erzählungen. In: *E. T. A. Hoffmann und seine Zeit.* Ausstellungskatalog des Berliner Museums, Berlin 1976, S. 14 ff.
Wer hat gut lachen beim »Freischütz«? In: *Programmheft »Der Freischütz« der Hamburgischen Staatsoper*, 1976

Vorwort zur Ausstellung »Literaten an der Wand« in der Akademie der Künste, Berlin 1976. In: Katalog zur Ausstellung: *Literaten an der Wand.*
Die Münchner Räterepublik und die Schriftsteller, Berlin 1976
Ein Krimi von der verlorenen Zeit. Anmerkungen zu »Magnetküsse« von Wolfgang Bauer. In: Programmheft *»Magnetküsse« des Akademietheaters*, Wien 1976
Nachwort zu: Michael Hamburger, *Gedichte*, Berlin 1976
Der Weibsteufel von damals. Zum 100. Todestag der Schriftstellerin George Sand. In: *Stuttgarter Zeitung*, 5. 6. 1976
Sentimentale Reisen eines Weltfremdlings. (Über Wolfgang Koeppen) In: *Frankfurter Allgemeine Zeitung*, 19. 6. 1976
Büchner und Brecht im Frühling des Drachen. Von einer Tagung der japanischen Germanisten. In: *Süddeutsche Zeitung*, München, 26./27. 6. 1976
Herr Brecht und sein Biograph. (Über Klaus Völkers Bertolt Brecht-Biographie) In: *Die Weltwoche*, Zürich, 28. 7. 1976
Ein bürgerliches Endspiel voller Gier und Mord. Über die Jubiläums-Inszenierung des »Ring des Nibelungen«. In: *Der Spiegel*, Hamburg, 2. 8. 1976
Max Frisch in zeitlicher Folge. Begegnungen mit einem Autor und seinem Werk. In: *Börsenblatt für den deutschen Buchhandel*, Frankfurter Ausgabe, 18. 8. 1976, S. 5 ff.
Die Geburt der Tragödie aus dem Geiste des Grand Magic Circus. Patrice Chéreau inszenierte in Bayreuth Wagners »Ring des Nibelungen«. In: *Theater heute*, Velber b. Hannover, H. 9/1976, S. 6 ff.
Ein deutscher Gelehrter ohne Misere. Zum Tod des Leipziger Romanisten Werner Krauss. In: *Frankfurter Allgemeine Zeitung*, 3. 9. 1976
Fritz Hölderlin und Friedrich Hölderlin. (Über Peter Härtlings Roman) In: *Frankfurter Allgemeine Zeitung*, 11. 9. 1976
Der Kritiker als Poet. Über Ludwig Uhlands Gedicht »Frühlingslied des Rezensenten«. In: *Frankfurter Allgemeine Zeitung*, 2. 10. 1976
Aus dem Alltag der Lüge. »Die wunderbaren Jahre« Reiner Kunzes. In: *Frankfurter Allgemeine Zeitung*, 16. 10. 1976
Richard Wagner, Trauermarsch aus der »Götterdämmerung«. In: *Programmheft Coventgarden*, London 1976
Die Grenzen der Aufklärung. (Über Hubert Fichte, »Xango«) In: *Die Weltwoche*, Zürich, 24. 11. 1976
Und saßen an den Ufern des Hudson. Anmerkungen zur deutschen literarischen Emigration. In: *Akzente*, München, 5/1976, S. 439-446
Einige meiner Lehrer. In: *Die Zeit*, Hamburg, 18. 3. 1977
Der Mut zur Unaufrichtigkeit. (Über Christa Wolf, »Kindheitsmuster«) In: *Der Spiegel*, Hamburg, 11. 4. 1977
Ernst Toller. Eine Wiederentdeckung. In: *Theater heute*, Velber b. Hannover, H. 7/1977

Zwischen Mythos und Aufklärung. Peymann inszeniert Goethes »Iphigenie« in Stuttgart. In: *Theater heute,* Velber b. Hannover, H. 12/1977
J.-J. Rousseau: Die Außenwelt und die Innenwelt. (Über Lion Feuchtwanger und Ludwig Harig) In: *Frankfurter Allgemeine Zeitung,* 20. 5. 1978
»Eine deutsche Revolution. Also keine.« (Über Alfred Döblins »November 1918«) In: *Der Spiegel,* Hamburg, 14. 8. 1978
Ein mißlungener Zusammenbruch (Über: Gabriele Wohmann, »Frühherbst in Badenweiler«) In: *Frankfurter Allgemeine Zeitung,* 9. 9. 1978
Die verbrannte Synagoge. In: *Die Zeit,* Hamburg, 10. 11. 1978
Die bösen Spiele des Ancien Régime. In: *Spiele und Vorspiele.* Hg. v. Hansgerd Schulte. Frankfurt a. M. 1978, S. 67-89
Nachwort zu: *Arnolt Bronnen gibt zu Protokoll.* Kronberg/Ts. 1978
Wir Wagnerianer heute. In: *Jahrbuch der Bayerischen Staatsoper.* München 1978, S. 34-54
Gedenkworte für Jean Améry. In: *Hermannstraße 14.* Sonderheft *Jean Améry.* Stuttgart 1978, S. 13 f.
Außenseiter in der bürgerlichen Gesellschaft. In: *Materialien zu H. Mayers »Außenseiter«.* Hg. v. Gert Ueding. Frankfurt a. M. 1978, S. 55-61
»Steppenwolf« und *»Jedermann«.* Ebd., S. 61-90
Über A. Döblins »November 1918«. In: *Die Weltwoche,* Zürich, 3. 1. 1979
Galilei und Brecht und die Folgen. Vortrag im Staatstheater Darmstadt 16. 9. 1979. – In: *Festschrift für E. W. Herd.* Ed. by August Obermeyer. Dunedin 1980, S. 167-179
»Halbzeit«. Überlegungen zu einem provozierenden Spiel. In: *Die Zeit,* Hamburg, 19. 10. 1979
W. I. Lenin. In: *Klassiker der Kunstsoziologie.* Hg. v. Alphons Silbermann. München 1979, S. 114-136
Heinrich Böll als Kritiker. In: *Süddeutsche Zeitung* 22./23. 12. 1979
»Russische Szene« von Grieshaber. In: *Schnittlinien. Für Hap Grieshaber.* Hg. v. Wolfgang Rothe. Düsseldorf 1979, S. 34
Augenblicke mit Ernst Busch. In: *Frankfurter Allgemeine Zeitung,* 19. 1. 1980
Die im Dunkel und die im Licht. Die Geburt der »Kritischen Theorie« und die »Zeitschrift für Sozialforschung«. In: *Die Zeit,* Hamburg, 31. 10. 1980
»Zeit«-Bibliothek der 100 Bücher. Frankfurt a. M. 1980 (Mitautor) (Beiträge über André Gide, E. T. A. Hoffmann, Franz Kafka, Thomas Mann, Wilhelm Raabe)
Der Mann mit der geretteten Zunge. (Über Elias Canetti) In: *Lui,* München, 1/1981, S. 74-77
Bin und Kilian und Herr Geiser. Ein hypothetischer Lebenslauf. In: *Begegnungen. Eine Festschrift für Max Frisch zum 70. Geburtstag.* Frankfurt a. M. 1981, S. 135-141

Es geht weiter seinen Gang. (Über Erich Loest) In: *Die Zeit,* Hamburg, 26. 6. 1981
Die Zerstörung der Zukunft. Günther Anders: Skizze zu einem Porträt. In: *Die Zeit,* Hamburg, 17. 7.1981
Was die DDR-Prosa der bundesdeutschen voraus hat. In: *Stern,* Hamburg, 8. 10. 1981
Rede anläßlich des Empfangs für die ehemaligen jüdischen Mitbürger Tübingens. 4. 9. 1981. In: *Tübinger Universitätsschriften* 1981, S. 9-15
Die Grenzen der Befragung. (Über Hubert Fichte, »*Wolli Indienfahrer*«) In: Hubert Fichte. *Text + Kritik,* H. 72, München 1981, S. 62-66
Wir Außenseiter. In: *Manuskripte.* Sondernummer Literatursymposion 1981 »Außenseiter«. Graz 1981, S. 37-41
Heinrich Heine auf dem Weg nach Italien. In: *Frankfurter Allgemeine Zeitung,* Magazin, 18. 12. 1981, S. 16-22
Heinrich Heine in Lucca: »Sozusagen ein Dichter?« In: *Frankfurter Allgemeine Zeitung,* Magazin, 8. 1. 1982, S. 8 ff.
Ritter Blaubart und Andorra. (Über Max Frisch, »*Blaubart*«) In: *Die Zeit,* Hamburg, 23. 4. 1982
Beweis im Kopf. (Über Thomas Bernhard, »*Ein Kind*«) In: *Stern,* Hamburg, 27. 5. 1982
Der Fackelträger und die Frau (Über Nike Wagner, »*Geist und Geschlecht*«) In: *Stern,* Hamburg, 30. 9. 1982
Thomas Manns »Zauberberg« als Roman der Weimarer Republik. In: *Religions- und Geistesgeschichte der Weimarer Republik.* Hg. v. Hubert Cancik. Düsseldorf 1982, S. 49-64
Drei Präsidenten und eine Akademie. In: *Werner Düttmann zum Gedenken.* Akademie der Künste, Berlin 1983 (Anmerkungen zur Zeit 21), S. 8-16
Nachwort zu: Anatole France, »*Aufruhr der Engel*«. (Dt. v. Rudolf Leonhard) Wien/Frankfurt a. M. 1983
Bürger und Weltbürger. Klaus Dohrns Bericht über »die Dohrns«. In: *Die Zeit,* Hamburg, 2. 12. 1983
Selbstbefreiung in einer normalisierten Welt. Peter Brückner. Leben und Denken. In: *Die Zeit,* Hamburg, 20. 1. 1984
Nachwort zu: Peter Huchel, »*Margarethe Minde*«. *Eine Dichtung für den Rundfunk.* Frankfurt a. M. 1984
Erinnerungen an Peter Huchel. In: *Peter Huchel-Preis. Ein Jahrbuch.* Moos, Baden-Baden 1984, S. 28-34
Wandlungen des Doktor Faustus. In: *1984 und danach. Beiträge zum »Orwell-Jahr«.* Hg. v. Eckard R. Wiehn. Konstanz 1984, S. 103-122
Doktor Faust und Famulus Wagner. Gedanken über Wissen und Bildung. Bertelsmann Lexikothek, München 1984, S. 1-15

Der Schriftsteller Alfred Hrdlicka. Vorwort zu: *Alfred Hrdlicka. Schaustellungen.* München 1984, S. 7-11
Kann Musik lügen? In: *Manuskripte*, Graz, Dezember 1984, S. 30-32
Brecht und Augsburg: ein liebloses Verhältnis. In: *Merian*, Heft Augsburg, Hamburg, April 1985, S. 47-50
Mozarts geschichtlicher Augenblick. (Über Ivan Nagel, »*Autonomie und Gnade*«) In: *Süddeutsche Zeitung*, München, 4./5. 5. 1985
Das Tagebuch als Spiegel. In: *Neue Zürcher Zeitung*, 11./12. 5. 1985
Wachsamer Denker: Ernst Fischer. Eine Wiederkehr. (Zur Neuausgabe seiner Werke) In: *Die Zeit*, Hamburg, 11. 10. 1985
Nachwort zu: Bernard von Brentano, »*August Wilhelm Schlegel*«. Frankfurt a. M. 1985
Mit Boulez in Bayreuth. In: *Festschrift Pierre Boulez.* Wien 1985, S. 43-47
Rede über das eigene Land: Deutschland. In: *Reden über das eigene Land: Deutschland* 3. München 1985, S. 13-35
Das mitleidlose Mitleid. (Über Käte Hamburger, »*Das Mitleid*«) In: *Die Zeit*, Hamburg, 28. 3. 1986
Das Gedächtnis und die Geschichte. Gedanken beim Aufschreiben von Erinnerungen. In: *Juden in der deutschen Literatur. Ein deutsch-israelisches Symposion.* Hrsg. von Stéphane Moses und Albrecht Schöne. Frankfurt a. M. 1986, S. 13-24
Das Tagebuch als Spiegel. In: *Vermittlungen. Kulturbewußtsein zwischen Tradition und Gegenwart.* Hrsg. von Hanno Helbling und Martin Meyer. Zürich 1986, S. 199-207
Rede auf Erich Fried (zum 65. Geburtstag des Dichters). In: *Tageszeitung*, Berlin, 6. 5. 1986
Selbstbefragung. Anmerkungen zum Spätwerk von Max Frisch. In: *Neue Zürcher Zeitung*, 10. 5. 1986
Nachwort zu: Heinrich von Kleist, »*Prinz Friedrich von Homburg*«. *Ein Schauspiel.* Mit Lithographien von Karl Walser. (Zum 75. Jubiläum der Insel-Bücherei) Frankfurt a. M. 1987
Friedrich Schiller. Skizzen zu einem Porträt. In: *Literarische Porträts. Deutsche Dichter von Grimmelshausen bis Brecht.* Hrsg. von Walter Hinderer. Frankfurt a. M. 1987, S. 55-66
Die Wirklichkeit E. T. A. Hoffmanns. In: *Begriffsbestimmung des literarischen Realismus.* Hrsg. von Richard Brinkmann. Darmstadt 1987, S. 259-300
Der unerklärbare Georg Büchner. Zum 150. Todestag am 19. Februar. In: *Neue Zürcher Zeitung*, 13. 2. 1987, Nr. 35, S. 33
Vorwort zu: *Hermann Hesse. Sein Leben in Bildern und Texten.* Hrsg. von Volker Michels. Frankfurt a. M. 1987
Nachdenken über den großen Nörgler. Zum 50. Todestag von Karl Kraus. In: *Sinn und Form.* Berlin (DDR) Jg. 39/1987, S. 367-382
Vorwort zu: *Max Zweig. Lebenserinnerungen.* Gerlingen 1987

Ein Gipfelgespräch über den Tod. In: *Der Spiegel,* Jg. 41/1987, Nr. 27, S. 171-173
Auf der Suche nach dem Vater. Rede über Hubert Fichte. In: *Dimension.* Austin, Jg. 16/1987, H. 1-3, S. 522-547 [auch in Neue Rundschau, Frankfurt a.M. Jg. 98/1987, H. 1, S. 84-102]
Anmerkungen zu »Stiller«. In: *Max Frisch.* Hrsg. von Walter Schmitz. Frankfurt a.M. 1987, S. 182-199
Aus dem Alltag der Lüge. In: *Reiner Kunze. Materialien zu Leben und Werk.* Hrsg. von Heiner Feldkamp. Frankfurt a.M. 1987, S. 219-238
Vollständiger Lebenslauf. Zu dem Gedicht »Erster Brief der Tamara A.« In: *Ebd.,* S. 292-294
Begegnung auf dem Parnaß. Ödipus und Hamlet sprechen über Professor Freud. Ein Fernseh-Text. In: *Bausteine zu einer Poetik der Moderne. Festschrift für Walter Höllerer.* Hrsg. von Norbert Miller [u.a.]. München, Wien 1987, S. 246-251
Die Schweiz und das Floß der Medusa. In: *Vertreibung und Exil. Lebensformen – Lebenserfahrungen.* Hrsg. von Theo Stammen. München, Zürich 1987, S. 68-90
Aspekte der dreißiger Jahre. In: *1937: Europa vor dem 2. Weltkrieg.* Hrsg. von Stefan Bollmann und Freya Mülhaupt. 2. Auflage, Düsseldorf 1987, S. 13-30
Gedenkrede auf Ricarda Huch. [Frankfurt 1947]. In: *Ricarda Huch. Studien zu ihrem Leben und Werk.* Braunschweig Jg. 2/1988, S. 1-2
Französisch-deutsche Spannungen. Heinrich und Thomas Mann. (Vortrag, geh. 1985). In: *Nicolas Born zum Gedenken. Heinrich Mann, heute.* Hrsg. von Martin Lüdke und Delf Schmidt. Reinbek bei Hamburg 1988, S. 20-38 [auch in: Literaturmagazin. Reinbek Jg. 21/1988, S. 93-100]
Die Größe Heinrich Manns. Vom »Untertan« über den »Henri Quatre« zum »Atem«. In: *Frankfurter Rundschau,* Zeit und Bild, 28.5.1988, Nr. 123
Unehelich, Halbjude, schwul. Über Hubert Fichtes Romanzyklus »Die Geschichte der Empfindlichkeit«. In: *Der Spiegel,* Jg. 42/1988, Nr. 28, S. 153-156
Erich Fried. Ein Jude aus Österreich in der Welt der Literatur. In: *Freibeuter.* Berlin, H. 39/1988, S. 9-14
Fritz Hölderlin und Friedrich Hölderlin. In: *Peter Härtling. Auskunft für Leser.* Hrsg. von Martin Lüdke. Darmstadt 1988, S. 167-173
Rede auf Peter Weiss. In: *In Sachen Literatur. 25 Jahre Text & Kritik. Eine Auswahl.* Zusammengestellt von Christa Jordan. München 1988, S. 155-159
Walter Benjamin und Franz Kafka. Report on a constellation. In: *On Walter Benjamin. Critical essays and recollections.* Ed. by Gary Smith. Cambridge, Mass. 1988, S. 185-209

On the political development of an unpolitical man. In: *Critical essays on Thomas Mann.* Ed. by Inta M. Ezergailis. Boston, Mass. 1988, S. 191-206

Biographie und Publikationen. In: *Bloch-Almanach.* Jg. 8/1988, S. 11

Ernst Bloch in der Geschichte. In: Ebd., S. 23-31

Meine Berliner Lektionen. In: *Berliner Lektionen.* Berlin 1988, S. 97-116

Günter Grass und seine Tiere. In: *Günter Grass. Text und Kritik*, H. 1. Hrsg. von Heinz Ludwig Arnold. 6. Auflage, Neufassung, München 1988, S. 76-83

Beitrag in: *Hans Henny Jahnn: Medea.* Hrsg. Schauspiel Köln. Ein Theaterbuch von Manfred Weber. Berlin (West) 1989

Inventur: Eine Textcollage nach Hans Mayer und Hermann Glaser. In: *So viel Anfang war nie. Deutsche Städte 1945-1949.* Hrsg. von Hermann Glaser. Berlin 1989, S. 316-326

Im Wortlaut: Peter Handkes »Auftritt« in Princeton und Hans Mayers Entgegnung. In: *Text und Kritik.* H. 24, 5. Auflage, Neufassung, München 1989, S. 17-20

Else Lasker-Schüler – Der schwarze Schwan Israels. In: *Große Frauen des 20. Jahrhunderts.* Hrsg. von Georg Popp unter der Mitarbeit von Gisela Bonn. 3. Auflage, Würzburg 1989, S. 53-60

Marie-Luise Kaschnitz. Geh ein Wort weiter. In: Ebd., S. 169-176

»Malina« oder der große Gott von Wien. In: *Kein objektives Urteil, nur ein lebendiges. Texte zum Werk von Ingeborg Bachmann.* Hrsg. von Christine Koschel und Inge von Weidenbaum. München, Zürich 1989, S. 162-165

Adolf Muschg. Lebensverfehlung und verfehltes Leben. In: *Adolf Muschg.* Hrsg. von Manfred Dierks. Frankfurt a. M. 1989, S. 203-206

Uwe Johnson, »Mutmassung über Jakob«. In: *Johnson. Ansichten, Einsichten, Aussichten.* Hrsg. von Manfred Jurgensen. Bern 1989, S. 11-20

Beitrag in: *Christa Wolf zum 60. Geburtstag am 18. 3. 1989.* Frankfurt a. M. 1989

Augenblicke mit Paul Celan. In: *Musik-Theater-Werkstatt. Die Vorträge; 1989-1990.* Wiesbaden 1990, S. 7-18

Beitrag in: *Zum 75. Geburtstag von Stephan Hermlin.* In: *Sinn und Form.* Berlin. Jg. 42/1990, S. 298-303.

Georg Büchner und Franz Woyzeck. In: *Welfengarten, Jahrbuch für Essayismus,* Hannover Jg. 1/1990, S. 7-13

Gustav Mahler. In: *Es ist ein Weinen in der Welt. Hommage für deutsche Juden unseres Jahrhunderts.* Hrsg. von Hans Jürgen Schultz. Stuttgart 1990, S. 35-51

Rede für Christoph Hein: zur Verleihung des Erich-Fried-Preises, gehalten im Wiener Burgtheater am 6. Mai 1990. In: *Christoph Hein: Texte, Daten, Bilder.* Hrsg. von Lothar Baier. Frankfurt a. M. 1990, S. 121-127

Unerwartete Begebenheit. In: *Du,* Zürich H. 10/1991, S. 22-36
Nachdenken über deutsche Literatur. In: *Neue deutsche Literatur.* Berlin Jg. 39/1991, H. 2, S. 31-40
Öffentliches Wirken in bewußten Widersprüchen. Laudatio auf Richard von Weizsäcker. [Verleihung des Heine-Preises der Landeshauptstadt Düsseldorf 1991]. In: *Heine-Jahrbuch.* Hamburg Jg. 31/1992, S. 266-273
Rezension zu: *»Malina«.* In: *Ingeborg Bachmanns »Malina«.* Hrsg. von Andrea Stoll. Frankfurt a. M. 1992
Gedenkrede auf Anna Seghers: »Woher sie kam, wohin sie ging«. In: *Argonautenschiff.* Berlin Jg. 1/1992, S. 75-82
Walter Benjamin nach 50 Jahren. Ein Vortrag in freier Rede. In: *Einige werden bleiben. Und mit ihnen das Vermächtnis. Der Beitrag jüdischer Schriftsteller zur deutschsprachigen Literatur des 20. Jahrhunderts.* Hrsg. von Ortwin Breisbart und Ulf Abraham. Bamberg 1992, S. 56-57
Nachdenken über Kultur im heutigen Deutschland. In: *Neue deutsche Literatur.* Berlin Jg. 40/1992, H. 3, S. 68-90
Beitrag zu: *»Mutmassungen über Jakob«.* In: *Über Uwe Johnson.* Hrsg. von Raimund Fellinger. Frankfurt a. M. 1993
Vorwort zu: *Bertolt Brecht. Brecht für Anfänger und Fortgeschrittene. Ein Lesebuch.* Ausgewählt von Siegfried Unseld. Frankfurt a. M. 1993
Leben und Literatur im Zeitalter der Reproduktion: Anmerkungen zu Max Frischs Roman »Stiller« (1954). In: *Der deutsche Roman nach 1945.* Hrsg. von Manfred Brauneck. Bamberg 1993, S. 33-46
Der Fall Gustav Mahler. In: *Studi germanici.* Roma Jg. 28/1990-1993, S. 73-91
Freundeswort. Gedenkrede auf Käte Hamburger. In: *Käte Hamburger. Reden bei der akademischen Gedenkfeier der Universität Stuttgart für Frau Prof. Dr. phil. habil. Käte Hamburger, 8. Dezember 1992.* Hrsg. von Jürgen Hering. Stuttgart 1993. S. 23-40
Vorwort zu: *Heinrich Heine: Werke in vier Bänden. Band 1. Gedichte.* Ausgewählt und hrsg. von Christoph Siegrist. Frankfurt a. M., Leipzig 1994
Nachwort zu: *Ernst Jandl: Dingfest. Gedichte.* Hamburg u. a. 1994
Schiller und Mannheim. In: *Mannheimer Hefte.* Mannheim 1994, S. 22-42
Kann sich die Bühne eine Auschwitz-Dokumentation leisten? Peter Weiss im Gespräch. (Oktober 1965). In: *Peter-Weiss-Jahrbuch.* Opladen Jg. 4/1995, S. 8-30
Zärtlichkeit und Entsetzen. (Über frühe Komiker und das Vergnügen im Kino). In: *Album,* 9. 6. 1995
Aus unserem Jahrhundert. Imaginäres Museum des Kinos. In: *Frankfurter Rundschau,* 13. 6. 1995

Das Feuer vom Himmel. In: *Frankfurter Allgemeine Zeitung*, Bilder und Zeiten, 24.2 1996, Nr. 47

3. Der Herausgeber

Franz Mehring, *Die Lessing-Legende.* Basel 1946
Spiegelungen Goethes in unserer Zeit. Goethe-Studien von Walter Benjamin u. a. Wiesbaden 1949
Neue Beiträge zur Literaturwissenschaft. (Mit Werner Krauss) Berlin 1955 ff.
Meisterwerke deutscher Literaturkritik. Bd. I: *Aufklärung, Klassik, Romantik.* Berlin 1954; Stuttgart 1962
Meisterwerke deutscher Literaturkritik. Bd. II: *Von Heine bis Mehring.* Berlin 1956
Gerhart Hauptmann. *Ausgewählte Werke in acht Bänden.* Berlin 1962
Theodor Wilhelm Danzel. *Zur Literatur und Philosophie der Goethezeit. Gesammelte Aufsätze zur Literaturwissenschaft.* Stuttgart 1962
Kritiker unserer Zeit. Texte und Dokumente. Pfullingen 1964 ff. (Bd. I: *Von Oxford bis Harvard. Methoden und Ergebnisse angelsächsischer Literaturkritik.* 1964. Bd. II: *Von Paris bis Warschau. Methoden und Ergebnisse europäischer Literaturkritik.* 1966)
Deutsche Literaturkritik im zwanzigsten Jahrhundert. Kaiserreich, Erster Weltkrieg und erste Nachkriegszeit. Stuttgart 1965
Große deutsche Verrisse – von Schiller bis Fontane. Frankfurt a. M. 1967
Goethe im XX. Jahrhundert. Spiegelungen und Deutungen. Hamburg 1967
J. G. Schnabel, *Der im Irrgarten der Liebe herumtaumelnde Kavalier.* München 1968
Heinrich Heine, *Beiträge zur deutschen Ideologie.* Berlin 1971
Deutsche Literaturkritik der Gegenwart. Vorkrieg, Zweiter Weltkrieg und zweite Nachkriegszeit (1933-1968). Bd. IV, 1 Stuttgart 1971 und Bd. IV, 2 Stuttgart 1972
Über Peter Huchel, Frankfurt a. M. 1973
Karl Kraus, *Nestroy und die Nachwelt. Essays und Stücke.* Frankfurt a. M. 1975
Johannes R. Becher, *Gedichte.* Frankfurt a. M. 1975
Das Werk von Samuel Beckett. Berliner Colloquium. (Mit Uwe Johnson) Frankfurt a. M. 1975
Deutsche Literaturkritik im 19. Jahrhundert von Heine bis Mehring. Stuttgart/Frankfurt a. M. 1976
Max Frisch, *Gesammelte Werke in zeitlicher Folge.* 6 bzw. 12 Bände. (Unter Mitwirkung von Walter Schmitz) Frankfurt a. M. 1976. (Für die Jubiläumsausgabe 1986 um einen Band erweitert)

Goethe im 20. Jahrhundert. Spiegelungen und Deutungen. Frankfurt a. M. 1987.

4. Der Übersetzer

Louis Aragon, *Die Reisenden der Oberklasse*, Berlin 1952 (*Les Voyageurs de l'Impériale. Le Monde réel*, Bd. III)
Louis Aragon, *Herrn Duvals Neffe*. Berlin 1955 (*Le Neveu d M. Duval*)
Louis Aragon, *Die Karwoche*. München und Berlin 1961 *(La Semaine sainte)*
Jean-Paul Sartre, *Die Wörter*. Reinbek 1965 *(Les Mots)*
Die Troerinnen des Euripides. In einer Bearbeitung von Jean-Paul Sartre. In: Jean-Paul Sartre, *Dramen II*. Reinbek 1966 (*Euripide, Les Troyennes, Adaptation de Jean-Paul Sartre*)

5. Gespräche, Interviews

»Autobiographie ist's immer«. Gespräch mit Fritz J. Raddatz. In: F.J.R., *ZEIT-Gespräche*. Frankfurt a. M. 1978, S. 123-153
Was es heißt, in Deutschland aus dem Rahmen zu fallen. Gespräch mit Adelbert Reif über das Buch »Das unglückliche Bewußtsein«. In: *Rheinischer Merkur*, 21. 11. 86, Nr. 48, S. 19
Skeptischer Aufklärer und roter Kämpfer noch immer. Gespräch mit Fritz J. Raddatz. In: F.J.R., *ZEIT-Gespräche 3*. Frankfurt a. M. 1986, S. 163-176 [zuerst 1982]
»Ich inkarniere gewisse Traditionen ...«. Gespräch mit José Reina und Tobias Bange. In: *Poetik. Essays über Ingeborg Bachmann ... und andere Beiträge zu den Frankfurter Poetik-Vorlesungen*. Hrsg. von Horst-Dieter Schlosser und Hans Dieter Zimmermann. Frankfurt a.M. 1988, S. 274-285
Interview von Herlinde Koelbl. In: Herlinde Koelbl: *Jüdische Portraits. Photographien und Interviews*. Frankfurt a. M. 1989, S. 180-185
»Kein Ende der Utopie«. Gespräch mit Ulrich Faure. In: *Börsenblatt*. Frankfurt a. M., Leipzig, 16. 8. 1991, Nr. 65, S. 2662-2666
Hans Mayer. Ein Interview von Liborio Mario Rubino. In: *Quaderno*. Palermo. N. S. 2. Germanistica. 1992, S. 83-92
»Mit 88 hat man vor nichts mehr Angst«. Interview. In: *Berliner Zeitung*, 12. 4. 1995, Nr. 87, S. 41
»Die Dialektik sitzt dabei und grinst«. Interview von Stefan Keller. In: *Die Wochenzeitung*, Zürich 15. Jg./ 21. 6. 1996, Nr. 25.

Hans Mayer
im Suhrkamp Verlag und
im Insel Verlag

Abend der Vernunft. Reden und Vorträge 1985-1990. Leinen
Ansichten von Deutschland. Bürgerliches Heldenleben. BS 984
Augenblicke. Ein Lesebuch. Herausgegeben von Wolfgang Hofer und
  Hans Dieter Zimmermann. Leinen
Außenseiter. Leinen und st 736
Brecht. Leinen
Ein Denkmal für Johannes Brahms. Versuche über Musik und Literatur.
  BS 812
Ein Deutscher auf Widerruf. Erinnerungen. Band I. Leinen und st 1500
Ein Deutscher auf Widerruf. Erinnerungen. Band II. Leinen und st 1501
Erinnerung an Brecht. Engl. Broschur
Frisch und Dürrenmatt. BS 1098
Gelebte Literatur. Frankfurter Vorlesungen. es 1427
Georg Büchner und seine Zeit. st 58
Das Geschehen und das Schweigen. Aspekte der Literatur. es 342
Reden I. Nach Jahr und Tag. 1945-1977. Leinen
Reden II. Aufklärung heute. 1978-1984. Leinen
Reden I und II in Kassette. Leinen
Reden über Deutschland. BS 1216
Reden Über Ernst Bloch. Engl. Broschur
Stadtansichten. Berlin, Köln, Leipzig, München, Zürich. Leinen
Thomas Mann. Leinen und st 1047
Der Turm von Babel. Erinnerung an eine Deutsche Demokratische
  Republik. Leinen und st 2174
Die unerwünschte Literatur. Deutsche Schriftsteller und Bücher 1968-
  1985. st 1958
Das unglückliche Bewußtsein. Zur deutschen Literaturgeschichte von
  Lessing bis Heine. Leinen und st 1634
Versuche über die Oper. es 1050
Versuche über Schiller. BS 945
Weltliteratur. Studien und Versuche. Leinen und st 2300
Wendezeiten. Über Deutsche und Deutschland. Leinen und st 2421
Der Widerruf. Über Deutsche und Juden. Leinen und st 2585
Das Wiedersehen mit China. Erfahrungen 1954-1994. Leinen
Der Zeitgenosse Walter Benjamin. Engl. Broschur

Vor- und Nachworte, Editionen
Volker Braun: Der Stoff zum Leben. Gedichte. Mit einem Nachwort
  von Hans Mayer. BS 1039

Hans Mayer
im Suhrkamp Verlag und
im Insel Verlag

Brecht für Anfänger und Fortgeschrittene. Ein Lesebuch. Ausgewählt von Siegfried Unseld. Mit einem Vorwort von Hans Mayer. es 1826

Bernard von Brentano: August Wilhelm Schlegel. Geschichte eines romantischen Geistes. Mit einem Nachwort von Hans Mayer. Leinen

Max Frisch: Gesammelte Werke in zeitlicher Folge. Sieben Bände. Herausgegeben von Hans Mayer unter Mitwirkung von Walter Schmitz. Leinen

– Gesammelte Werke in zeitlicher Folge. Jubiläumsausgabe in sieben Bänden. 1931-1985. Herausgegeben von Hans Mayer unter Mitwirkung von Walter Schmitz. st 1401-1407

Goethe im zwanzigsten Jahrhundert. Spiegelungen und Deutungen. Herausgegeben von Hans Mayer. Leinen

Heinrich Heine: Insel Taschen-Heine. 4 Bände in Kassette. Herausgegeben von Christoph Siegrist, Wolfgang Preisendanz, Eberhard Galley und Helmut Schanze. Mit einer Einleitung von Hans Mayer. it 1628

Hermann Hesse. Sein Leben in Bildern und Texten. Mit einem Vorwort von Hans Mayer. Herausgegeben von Volker Michels. Leinen und it 1111

Heinrich von Kleist: Prinz Friedrich von Homburg. Ein Schauspiel. Mit Lithographien von Karl Walser und einem Nachwort von Hans Mayer. IB 1029

Zu Hans Mayer

Hans Mayer zu ehren. Vorwort von Karin Kiwus und Hans Dieter Zimmermann. Gebunden

Über Hans Mayer. Herausgegeben von Inge Jens. es 887